B      Stora

GH00480709

# HISTOIRE
# DE L'ALGÉRIE
# DEPUIS L'INDÉPENDANCE
# (1962-1988)

Éditions La Découverte
9 *bis*, rue Abel-Hovelacque
75013 Paris

Catalogage Électre-Bibliographie
STORA, Benjamin
Histoire de l'Algérie depuis l'indépendance. 1. 1962-1988 / Benjamin Stora. –
3ᵉ éd. – Paris : La Découverte, 2001. – (Repères ; 316)
ISBN 2-7071-3430-9

| Rameau : | Algérie : 1962-… |
| | Algérie : 1988 (émeutes d'octobre) |
| | Algérie : politique et gouvernement : 1962-… |
| Dewey : | 965.3 : Algérie. Depuis 1962 |
| Public concerné : | 1ᵉʳ et 2ᵉ cycles. Public motivé |

Si vous désirez être tenu régulièrement informé de nos parutions, il vous suffit d'envoyer vos nom et adresse aux Éditions La Découverte, 9 *bis*, rue Abel-Hovelacque, 75013 Paris. Vous recevrez gratuitement notre bulletin trimestriel **À la Découverte**.

# Introduction

Le 3 juillet 1962, l'Algérie est indépendante. Les premières forces militaires françaises s'apprêtent à quitter le territoire. Le pays doit sortir de l'état colonial, du sous-développement, bâtir un État, devenir une nation à part entière.

Comment cette grande partie du Maghreb central aux paysages contrastés est-elle devenue une contrée politique, puis une patrie ; ou plutôt, comment l'Algérie qui n'était pas une nécessité géographique l'est-elle devenue ? L'« invention » d'une Algérie dans ses frontières et ses langues actuelles, la fluidité des espaces de peuplement, la vigueur des échanges culturels qui unissent en esprit, le mélange de sociabilités politiques pour l'indépendance, le rôle unificateur de l'islam sont étudiés dans deux ouvrages de la collection « Repères » qui ont précédé celui-ci. *L'Histoire de l'Algérie coloniale 1830-1954*, et *L'Histoire de la guerre d'Algérie (1954-1962)* disent comment l'Algérie est née d'une volonté politique apparue au début du XXᵉ siècle, et poursuivie par une longue guerre d'indépendance contre la puissance coloniale française.

Cette histoire de l'Algérie contemporaine, de son indépendance en 1962 à l'effondrement du parti unique, le FLN, en octobre 1988, est présentée à la fois dans son originalité propre et dans une perspective maghrébine et méditerranéenne. Le cadre de la chronologie classique est respecté en étudiant successivement les temps où Ahmed Ben Bella (1962-1965), Houari Boumediene (1965-1978), Chadli Bendjedid (1979-1991) ont dirigé le pays.

La démarche qui inspire ce livre n'est pas la recherche de « révélations » sur ces années 1962-1988. Il s'agit plus simplement de voir comment l'histoire s'est faite, dans quel but et à quel prix. Des joies de l'indépendance en 1962 à l'ordre instauré par les militaires en 1965 ; des volontés d'égalité sociale à l'échec des « industries industrialisantes » sous Boumediene ; de l'encadrement autoritaire de la société par le parti unique FLN (Front de libération nationale) aux violentes émeutes d'octobre 1988 : les exemples ne manquent pas qui invitent à décrypter le fonctionnement historique de l'« identité algérienne », qui emprunte tout à la fois aux modèles républicain, islamique et nationaliste.

De 1962 à 1988, l'organisation de l'Algérie a été profondément modifiée. Le bouleversement des paysages ruraux, l'avènement de machines urbaines qui aspirent des hommes longtemps liés aux terroirs de la tradition, l'explosion démographique et les flux humains, les productions économiques souterraines (le *trabendo*, la contrebande), les formes de l'art populaire (la musique raï), la recomposition et le relâchement des liens familiaux…, la diversité historique de l'espace géographique national s'est enrichie sans cesse de différences nouvelles, de manières de réagir à des transformations touchant l'ensemble de la société algérienne.

En 1962, l'Algérie comptait à peine 10 millions d'habitants. Elle en avait, à la fin de l'année 1988, près de 25 millions, une majorité de la population étant née après l'indépendance. En octobre 1988, moment charnière qui fait basculer l'Algérie dans le multipartisme, la plupart des jeunes Algériens n'ont pas connu l'époque coloniale, la guerre contre la France, et n'entretiennent que de lointains rapports avec l'histoire réelle de leur pays. Pourtant, le régime politique algérien a eu recours en permanence à l'histoire et a conservé fortement l'empreinte des conditions historiques qui l'ont vu naître : primauté du facteur militaire, absence de légitimité démocratique, exercice violent de l'autorité. Un pouvoir exécutif, concentré dans les mains du président de la République étroitement dépendant du soutien de l'armée et bénéficiant de l'apport du parti unique, impulse la construction d'un État autoritaire.

De 1962 à 1988, le pouvoir recherche une légitimation en se revendiquant de l'héritage du combat pour l'indépendance et puise dans d'autres registres parmi lesquels le développement économique à option socialiste, le non-alignement sur les blocs en politique étrangère ou le contrôle étatique des valeurs de l'islam. L'unanimisme nationaliste reste le support d'une idéologie fluctuante. Il devient une sorte de remède aux vertiges de définitions identitaires, tente de gommer les différences linguistiques et régionales, se fait « réconciliation », négation des affrontements sociaux, apparent correctif des maux de la modernité. Ce réformisme consensuel est accepté par la société tant qu'une politique sociale « redistributive » est rendue possible par la manne pétrolière, générant d'énormes revenus. L'entrée en scène de jeunes générations peu sensibles aux seules légitimations de la guerre d'indépendance et l'affaiblissement en valeur de la rente pétrolière sapent les bases du système établi. Le système du parti unique entre alors en crise profonde à partir des émeutes d'octobre 1988. Une nouvelle période s'ouvre en Algérie, développée dans un quatrième volume de la collection « Repères », une *Histoire du drame algérien (1988-2000).*

# I / L'été 1962

Maquisards de « l'intérieur » contre combattants d'une armée stationnée à « l'extérieur » des frontières d'Algérie ; premières traques des harkis, les supplétifs de l'armée française pendant la guerre d'indépendance ; luttes de clans à l'intérieur du FLN pour le pouvoir et affirmation d'autonomie de groupes armés dans certaines régions : l'unité de la nation algérienne semble sérieusement menacée en cet été 1962. Ajoutons que plus de 40 % de la population vit dans la misère la plus totale et que l'économie, complètement désarticulée par une guerre de sept ans et demi (1954-1962) et le départ massif des « pieds-noirs » (terme qui désigne, après 1962, les Européens d'Algérie), est encore étroitement liée à celle de la France.

Une guerre civile prolongée sera évitée de justesse. Ahmed Ben Bella, soutenu par le colonel Houari Boumediene et sa fameuse « armée des frontières » (stationnée pendant la guerre au Maroc et en Tunisie), va l'emporter. Il entre dans Alger le 3 août 1962 avec l'aide des forces de l'« armée des frontières ».

## 1. La proclamation de l'indépendance

Le 1er juillet 1962, un référendum a lieu. Les accords consacrant l'accession de ce pays à l'indépendance sont adoptés à la quasi-unanimité des votants, Européens et musulmans confondus (5 994 000 sur 6 034 000). Le 3 juillet, la France reconnaît officiellement l'indépendance de l'Algérie. Jean-Marcel Jeanneney est le premier ambassadeur accrédité. Tandis que se poursuit, à un rythme accéléré, le départ des Européens, les pieds-noirs, vers la métropole.

La guerre contre la France est finie. Ce mardi 3 juillet marque surtout l'arrivée à Alger du GPRA, le Gouvernement provisoire de la République algérienne, formé à Tunis en 1958 par le FLN, au plus fort de la lutte contre la France.

La Caravelle de Tunis-Air se pose sur l'aéroport d'Alger. Les membres du GPRA, conduits par leur président, Ben Youssef Ben Khedda, font leur entrée triomphale dans Alger. Dans la ville, la foule envahit les rues pour manifester sa joie. Équipés avec des mitraillettes en bois et des calots militaires, les enfants algériens célèbrent la fête en imitant ceux qu'ils admirent : les *moudjahidin*, les combattants des maquis. Alger n'est plus qu'une gigantesque kermesse. La ville, pavoisée de milliers de drapeaux vert et blanc, retentit du bruit des clameurs et des sifflets qui scandent sur cinq notes : *Ya-ya, Dje-za-ir* (« Vive l'Algérie »). Les véhicules sont décorés comme les chars d'un corso fleuri. Sans arrêt, autos et scooters, arborant des drapeaux algériens, sillonnent la ville. Et pourtant, l'apparition des nouveaux dirigeants au balcon de la préfecture d'Alger provoque un choc. La population avait pris pour de la « propagande colonialiste » les informations de la presse internationale faisant état des divisions, voire de « crise » au sein du FLN. Aucun doute n'est désormais possible. Les Algériens ne voient pas deux des « chefs historiques » du FLN, Mohamed Khider et surtout Ahmed Ben Bella, restés à l'étranger. L'ivresse de la joie s'accompagne de l'inquiétude des lendemains. D'autant que Ben Khedda affirme dans son discours à la foule assemblée que « la volonté populaire constitue le barrage le plus solide contre la dictature militaire dont rêvent certains, contre le pouvoir personnel, contre les ambitieux, les aventuriers, les démagogues et les fascistes de tous poils ».

L'allusion vise Houari Boumediene, chef de « l'armée des frontières », installé à Ghardimaou, à la frontière tunisienne. Deux camps s'opposent au moment où l'Algérie réalise son rêve d'indépendance. D'un côté, le GPRA qui a rallié autour de lui les responsables des wilayas (régions) II, III, IV, ainsi que la Fédération de France du FLN. De l'autre, l'état-major de Boumediene peut compter sur les wilayas I (Aurès), V (Oranie), VI (Sahara) – qui en fait ne pèsent guère au plan militaire – et, surtout, sur l'armée des frontières. Ferhat Abbas, premier président du GPRA en 1958, le célèbre pharmacien de Sétif, et Ahmed Ben Bella (l'un des dirigeants de l'insurrection de 1954) ont eux aussi choisi de défier le GPRA.

Le 5 juillet, dans la rue, les syndicats, des jeunes, des militants de la zone autonome d'Alger du FLN manifestent dans la capitale. Ce jour-là, Ben Khedda prend la parole, demande aux manifestants de se remettre au travail. Il faut savoir terminer une fête… D'autant que la situation sociale et politique de l'Algérie indépendante est préoccupante, voire critique.

## 2. La situation sociale à l'indépendance

En juillet 1962, l'Algérie souffre de lourds handicaps. La guerre a été meurtrière et longue (près de huit années). Et pendant plusieurs mois, de janvier à juin 1962, l'OAS (l'Organisation armée secrète), qui regroupe les partisans de l'Algérie française, vient de s'adonner à la politique de la terre brûlée. L'économie en a gravement pâti. Bien avant l'indépendance s'accumulaient les signes d'une dégradation sociale. Le chômage est important. Autour des centres urbains, les bidonvilles se multiplient. Depuis les années cinquante, nombre de travailleurs algériens vont eux-mêmes chercher en France l'emploi qui fait défaut [92]*.

En fait, l'Algérie de 1962 est l'héritière d'une économie extravertie conçue par rapport à la métropole et en fonction du million d'Européens qui y vivent. Dans la première moitié du XXᵉ siècle, l'intégration progressive à l'espace économique français avait entraîné un déclin rapide de l'artisanat local qui subissait la concurrence des produits manufacturés français. Une économie duale à dominante agraire se constitue. À côté d'un secteur moderne de grandes exploitations aux mains des colons, un secteur traditionnel à faible productivité tente d'assurer la subsistance de la population locale.

---

* Les références entre crochets renvoient à la bibliographie en fin de volume.

Pierre Bourdieu et Abdelmalek Sayad [26] ont analysé en 1964 l'ampleur des phénomènes de marginalisation et de déclassement, l'appauvrissement et la ruine des masses de petits paysans, et, aussi, le déplacement des populations rurales. Ils ont montré comment cette crise de l'agriculture traditionnelle a abouti à la remise en question de l'« esprit paysan », à la rupture du groupe vis-à-vis de la terre et au refus collectif du métier de paysan. Mais, en 1962, l'Algérie reste une société massivement rurale.

Jusqu'à la Seconde Guerre mondiale, les exportations de produits agricoles sont le seul moteur de la croissance algérienne. L'intégration à la France impose les importations des biens manufacturés et interdit toute protection douanière pour d'éventuelles industries naissantes [5].

Aussi le mouvement d'industrialisation de l'Algérie est-il très lent. Il faut attendre vraiment la guerre d'indépendance pour que la France, faisant face à la contestation sociale et politique, lance en 1958-1960 le plan de Constantine qui vise à industrialiser l'économie.

En dépit de cette dernière (et tardive) initiative, l'Algérie demeure, à la veille de son indépendance, un pays agraire. Le secteur industriel ne représente que 27 % de la production globale. La moitié du secteur ne consiste qu'en la transformation simple de produits agricoles. Le rejet des travailleurs de l'agriculture n'est pas suffisamment compensé par leur mobilisation dans l'industrie. La croissance démographique excède les capacités d'emploi locales. Les années 1961-1962 se caractérisent par un certain vide économique. Près de 900 000 personnes quittent l'Algérie (dont 300 000 actifs qui assuraient l'encadrement administratif et économique du pays). Ces Européens procuraient la moitié des ressources fiscales au pays ; ils consommaient près de 60 % des importations et 40 % de la production locale. Dès 1959, avec l'exacerbation du conflit entre l'armée française et les nationalistes algériens, on a pu constater la fuite des capitaux. Ce mouvement devait se poursuivre à une vaste échelle jusqu'en 1964, accentué par la désorganisation complète de l'appareil productif.

La guerre détériore davantage encore le système économique. En particulier, la perte de capital humain est considérable : mort de centaines de milliers d'Algériens, émigration, départ des neuf dixièmes de la population européenne, c'est-à-dire de la plupart

des chefs d'entreprise, des cadres, des techniciens, des fonctionnaires, des enseignants, des médecins... En juillet 1962, les
grandes exploitations agricoles sont abandonnées, les usines sont
fermées et de nombreux établissements publics détruits. À cette
époque, dans la société algérienne de culture arabo-berbère, seulement 10 % d'enfants d'âge scolaire vont à l'école.

C'est dans ce contexte précaire que la nouvelle équipe diri-
geante doit définir une stratégie de développement. Mais elle se
trouve paralysée par des luttes de clans.

### 3. Idéologie et rapports de force à l'intérieur du FLN

Entre les accords d'Évian de mars 1962 et la proclamation de
l'indépendance, les structures de l'État colonial s'effondrent, la
confusion est générale. Les structures locales du FLN ne parviennent pas à gérer la situation nouvelle. En attendant l'arrivée du
« contre-État », celui de l'armée des frontières, qui se trouve à
l'extérieur de l'Algérie, les pratiques de régionalisme, de clientélisme s'installent. Le programme adopté au congrès du Conseil
national de la révolution algérienne (CNRA), réuni à Tripoli, en
Libye, du 27 mai au 7 juin 1962, dénonce bien cette émergence
« de féodalités politiques, de chefferies et de clientèles parti-
sanes », « la fuite devant la réalité »... mais il est déjà trop tard.
Les dirigeants du Front sont, eux-mêmes, très divisés, la confusion qui règne en Algérie se retrouve au sommet de
l'organisation.

Dans ce congrès de Tripoli, Ahmed Ben Bella attaque l'équipe
du GPRA et la fait mettre en minorité. Ben Youcef Ben Khedda,
président du GPRA, abandonne le congrès et gagne Alger pour y
affirmer la présence de son gouvernement. Ce dernier était, pour
lui, dépositaire de la souveraineté nationale jusqu'à ce qu'il
puisse remettre ses pouvoirs à des représentants régulièrement
élus.

Selon le programme de Tripoli, la « révolution démocratique
populaire » devait être menée « par la paysannerie, les travailleurs et les intellectuels révolutionnaires » aux dépens de la « féo-
dalité et de la bourgeoisie algériennes dont l'idéologie ferait le lit
du néocolonialisme ». Avec ce programme d'inspiration

marxiste, l'Algérie devait devenir une démocratie fondée sur la socialisation des moyens de production. La dimension religieuse de la personnalité musulmane du pays est soulignée : « Pour nous, l'islam, débarrassé de toutes les excroissances et superstitions qui l'ont étouffé ou altéré, doit se traduire, en plus de la religion en tant que telle, dans ces deux facteurs essentiels : la culture et la personnalité. » Les rédacteurs du programme espèrent toutefois qu'une partie des Européens pourront trouver leur place dans l'Algérie indépendante : « La sécurité de ces Français et leurs biens doivent être respectés ; leur participation à la vie politique de la nation assurée à tous les niveaux. Beaucoup d'entre eux iront s'installer en France, mais une importante fraction restera en Algérie, et le gouvernement français l'y encouragera par tous les moyens en son pouvoir. »

Sur le plan économique, la « révolution démocratique et populaire » se donne pour objectifs une révolution agraire centrée sur la redistribution gratuite des terres et la constitution de coopératives sur la base de l'adhésion libre ; une industrialisation subordonnée aux besoins du développement agricole ; la nationalisation du crédit et du commerce extérieur, celle des hydrocarbures n'étant envisagée qu'à long terme. « Dans l'immédiat, le Parti doit lutter pour l'extension du réseau de gaz et d'électricité dans les centres ruraux ; la préparation des ingénieurs et techniciens à tous les niveaux, selon un plan qui mettrait le pays en mesure de gérer lui-même ses richesses minérales et énergétiques. »

Sur le plan social, la priorité est donnée à la liquidation de l'analphabétisme, au développement de la culture nationale arabo-islamique, à la médecine publique, à la libération de la femme. La politique extérieure est fondée sur le principe du non-alignement.

La révocation du colonel Boumediene (alors responsable de l'état-major de l'ALN) par le GPRA après le congrès de Tripoli précipite le conflit. Ahmed Ben Bella se solidarise aussitôt avec l'état-major du front ouest et constitue à Tlemcen un « Bureau politique » « chargé de prendre en main les destinées de l'Algérie ». L'affrontement est inévitable.

## 4. Été 1962, batailles pour le pouvoir

Le GPRA est donc à Alger, tandis que la coalition réunissant l'état-major, Ahmed Ben Bella et Mohamed Khider s'installe à Tlemcen. Le 22 juillet, Ahmed Ben Bella annonce la constitution du « Bureau politique ». C'est un coup de force institutionnel contre le GPRA. Diverses personnalités comme Tewfik el-Madani (dirigeant de l'Association des oulémas – les docteurs de la loi –, et ministre des Affaires culturelles dans le premier GPRA de 1958), Ferhat Abbas ou Yacef Saadi (l'ancien responsable de la Zone autonome FLN d'Alger) appuient le « groupe de Tlemcen », qui passe à l'offensive. Le 25 juillet, Constantine, capitale de l'Est algérien, est occupée. Le sang coule. Les affrontements font 25 morts et 30 blessés. Le chef de la wilaya, Salah Boubnider, dit « Saout el-Arab » (« la voix des Arabes »), et Lakhdar Ben Tobbal, ministre de l'Intérieur du GPRA, l'un des responsables « historiques » de novembre 1954, sont arrêtés.

Le « groupe de Tlemcen » s'affirme avant tout comme le parti de la force militaire, physique. Il dessine de plus en plus clairement le vrai visage du futur pouvoir du FLN. L'occupation de Constantine provoque un réflexe d'unité entre des dirigeants nationalistes historiques comme Mohamed Boudiaf, Krim Belkacem et Omar Boudaoud qui était actif dans l'immigration comme ancien responsable de la Fédération de France du FLN. En son nom personnel, Mohamed Boudiaf fait une déclaration le 25 juillet au soir : « Le coup d'État, s'il venait par malheur à réussir, signifierait l'instauration d'une dictature à caractère fasciste. Le but évident de cette tentative est de frustrer le peuple algérien de sa victoire à la seule fin de satisfaire les ambitions de certains hommes assoiffés de pouvoir. »

Les positions de Krim Belkacem sont très proches de celles de Boudiaf dans la crise engagée. Comme ce dernier, il lance un « appel à toutes les forces révolutionnaires d'Algérie pour s'opposer à ce coup de force armé et à toute tentative de dictature ». Les deux hommes annoncent la création d'un Comité de liaison et de défense de la Révolution (CLDR).

Au même moment, Hocine Aït Ahmed, autre dirigeant de l'insurrection de 1954, annonce de Paris, le 27 juillet, sa démission de tous les organismes directeurs de la révolution. Les complots, les dissidences rythment la formation et la vie du FLN, de plus en plus morcelé, en proie à des conflits de pouvoir acharnés. Le 2 août, un compromis est passé entre Mohamed Khider et le tandem Belkacem-Boudiaf qui reconnaissent finalement le Bureau politique. Ce dernier s'installe à Alger. Le président du GPRA, Ben Khedda, accepte de s'effacer. Le 6 août, la Fédération de France du FLN, qui jusque-là soutenait le GPRA, fait allégeance au Bureau politique. La résistance continue cependant dans les wilayas III (Kabylie) et IV surtout (Alger), dont les responsables exigent de participer à la désignation des futurs candidats à l'Assemblée nationale. Un compromis semble se dégager avec la réunion d'une commission mixte Bureau politique-wilayas qui dresse la liste des cent quatre-vingt-seize « candidats » dont la majorité est loin d'être favorable au Bureau politique. Le 25 août, Mohamed Khider annonce le report des élections prévues pour le 2 décembre et le refus du Bureau politique de maintenir sa caution à certains candidats.

Derrière le sigle FLN s'affrontent des groupements d'intérêts militaires et politiques. Avec l'exode massif des Européens, l'irruption des ruraux dans le mouvement politique ainsi que dans toute la société urbaine, s'accélère le retour aux formes politiques nées de la guerre elle-même : tendance à l'autonomie des wilayas, clanisme, régionalisme… Les wilayas III et IV décident de maintenir leurs conseils « jusqu'à la constitution d'un État algérien issu légalement ». Mohamed Boudiaf démissionne du Bureau politique tandis que l'état-major général se déclare prêt à intervenir.

Le 29 août, à Alger, les commandos de Yacef Saadi attaquent les unités de la wilaya IV. On dénombre plusieurs morts. Le peuple d'Alger descend dans la rue au cri de « Sept ans, ça suffit ». L'UGTA (Union générale des travailleurs algériens, organisation syndicale créée par le FLN en 1956) tente de s'interposer. En vain. L'épreuve de force est définitivement engagée. Le 30 août, le Bureau politique donne l'ordre aux wilayas I, II, V et VI ainsi qu'aux troupes de l'état-major général de marcher sur Alger. Les violents accrochages de Boghari et d'El-Asnam font plus de mille morts.

Cette période d'anarchie favorise de nombreux règlements de comptes, qui aboutissent à l'exécution de plusieurs milliers de harkis (Algériens supplétifs de l'armée française) ou de musulmans pro-français [60], et les enlèvements d'Européens, en particulier dans l'Oranie (1 800 « disparus » selon un chiffre officiel). Dans *Le Monde* du 13 novembre 1962, le journaliste Jean Lacouture annonce que plus de 10 000 harkis ont été tués. Le rapport Vernejoul de janvier 1963 penche pour 25 000. En 1965, la Croix-Rouge recense encore 13 500 anciens supplétifs incarcérés en Algérie.

La guerre civile de l'été 1962 accélère l'exode, paralyse la vie économique et administrative.

## 5. Vague migratoire vers la France

Depuis les années trente, moment de la première vague migratoire vers ce qui était alors la « métropole », les dirigeants nationalistes algériens ont toujours établi un lien entre nécessité de l'indépendance nationale et règlement de la question de l'émigration. Il suffisait, selon eux, que l'Algérie accède à l'indépendance pour que cessent les départs et que s'opère le « retour » des Algériens pour construire leur pays. Le « mythe du retour » s'est ainsi profondément enraciné dans la communauté algérienne en France.

Mais, une fois l'indépendance arrachée en 1962, les prévisions de « retour » ne se sont pas réalisées. Bien au contraire. Les accords de 1962, qui entérinent l'indépendance de l'Algérie, définissent en conséquence les droits et les devoirs des ressortissants des deux pays. Quatorze articles sont consacrés aux droits des Français d'Algérie, deux seulement aux Algériens en France. D'après les articles 7 et 11, les Algériens, notamment les travailleurs, détiennent les mêmes droits que les Français, à l'exception des droits politiques et de certains droits syndicaux et associatifs et ils jouissent de la liberté de circulation entre les deux pays. L'histoire va bousculer les pronostics et les accords. Les pieds-noirs vont quitter en masse l'Algérie et, dans le même sens, l'émigration de travailleurs algériens va s'accentuer. Sept années et demie de guerre marquées par les destructions et les déplacements de population, l'acharnement de l'OAS à détruire les infrastructures du pays, l'exode massif et rapide des Européens, la

## Lendemains d'indépendance

« Naïfs, nous l'étions tous. Nous sommes descendus de nos montagnes la tête emplie de rêves. Nous rêvions d'inscrire la liberté dans tous les actes, la démocratie dans tous les cœurs, la justice et la fraternité entre tous les hommes... Mais tandis que le peuple en liesse fêtait ses retrouvailles avec la liberté, d'autres hommes tapis dans l'ombre, tiraient des plans sur l'avenir... Et un beau matin nous nous sommes réveillés avec un goût d'amertume dans la bouche... Le désastre accompli... Certains compagnons ont tenté de reformer nos rangs dispersés. C'est alors qu'on s'est rendu compte d'une catastrophe plus grande encore : il n'y avait plus de compagnons, ils s'étaient laissé avoir comme des débutants. Sauté à pieds joints dans le piège destiné à les mettre définitivement hors course... Regardez, regardez toutes ces belles villas des anciens colons, choisissez les plus grandes, prenez, prenez, bars, hôtels, restaurants, prenez, empochez, il y en aura pour tout le monde, ne vous bousculez pas, ou plutôt si, bousculez-vous, faites des affaires, entrez dans le commerce, créez des entreprises, les banques sont là pour vous financer, empochez, enrichissez-vous, faites bombance, ne vous privez pas... Naïfs... Car vous ignoriez tout des dossiers méticuleux qui se constituaient sur votre compte et que, le moment venu, on ne manquera pas de brandir sous votre nez, à la moindre tentative d'ouvrir votre bouche... »

(Rachid Mimouni, *Le Fleuve détourné*, Alger, Laphomic, 1986, p. 196.)

désorganisation profonde de l'Algérie qui en résulte, l'arrivée brutale sur le marché du travail de dizaines de milliers de détenus algériens libérés ou de combattants démobilisés, la « guerre civile » pour le pouvoir : tous ces facteurs expliquent la reprise de l'émigration vers la France durant l'été 1962.

Du 1er septembre 1962 au 11 novembre inclus, 91 744 entrées d'Algériens sont enregistrées dans l'Hexagone. Ce sont des familles entières qui arrivent, s'installant de préférence dans les départements en pleine expansion économique. Comme auparavant, la région parisienne constitue le pôle d'attraction le plus important.

## 6. Ben Bella l'emporte

Malgré l'accord du 5 septembre, qui fait d'Alger une « ville démilitarisée et placée sous le contrôle du Bureau politique », le colonel Boumediene impose l'entrée de ses bataillons dans la capitale le 9 septembre 1962. Désormais, seule la wilaya III (la Kabylie) échappe au contrôle de l'état-major général. Dans l'immédiat, l'intervention militaire de l'état-major général donne les mains libres au Bureau politique pour achever son entreprise d'appropriation du pouvoir et d'élimination des contrepoids potentiels. La liste unique des candidats à l'Assemblée nationale sera amputée de cinquante-neuf noms et plébiscitée à 99 %, le 30 septembre. Les différentes composantes de la coalition de Tlemcen se répartissent les lieux du pouvoir. Ahmed Ben Bella devient chef du gouvernement et Mohamed Khider, secrétaire général du Bureau politique. La présidence de l'Assemblée échoit à Ferhat Abbas.

La crise se prolonge pourtant. Le 27 septembre, Mohamed Boudiaf crée le Parti de la révolution socialiste (PRS) qui conteste la légitimité du Bureau politique formé par Ahmed Ben Bella.

Mais la nouvelle Algérie politique se « stabilise » avec l'armée au centre du pouvoir et le parti unique qui a pour fonction de légitimer cette armée omniprésente. Pour le sociologue Abdelkader Djeghloul, « cette Algérie ne ressemble guère à celle dont rêvaient les premiers combattants de Novembre, qui, pour la plupart, sont absents des sphères dirigeantes de l'Algérie indépendante ». Ajoutons que la plupart des dirigeants de la Fédération de France du FLN se retrouvent écartés du pouvoir. Ont-ils fait le « mauvais choix » dans cet été 1962 (pour le GPRA et contre le Bureau politique) ? Ils seront de toute façon accusés de n'avoir pas combattu sur le « sol national » (mais combien l'ont fait de bout en bout ?), suspectés d'« européanisme » parce que subissant l'influence des cadres ouvriers français de l'immigration en France. Le nouvel État hérite des fonctionnaires dont la France avait accéléré la formation et le recrutement. À la veille de l'indépendance, des élites hétérogènes, mais dans l'ensemble plus aisées, citadines, instruites, plus francisées que celles qui étaient à l'origine de la lutte armée, avaient rallié le FLN. Cette présence n'exclut pas d'autres types d'alliance dans l'État en construction, en particulier avec les milieux traditionalistes religieux, avec qui le pouvoir semble vouloir composer.

Dans la société algérienne existe une puissante aspiration au changement, une volonté forte d'amélioration rapide et radicale des conditions collectives et individuelles d'existence.

Comment le pouvoir qui se construit, appuyé sur le nouveau FLN surgi après la crise de l'été 1962, fera-t-il pour faire face à cette demande ?

# II / L'Algérie de Ben Bella (1962-1965)

Au lendemain de la guerre d'indépendance livrée contre la France, les nationalistes algériens qui prennent le pouvoir adoptent pour devise officielle de « rattraper le retard accumulé pendant les cent trente ans de domination coloniale ». Dans un contexte marqué par l'émergence des pays du tiers monde sur la scène politique internationale et par le développement du « nationalisme arabe » porté par la forte personnalité de Nasser en Égypte, l'Algérie opte résolument pour une voie socialiste de développement.

L'« autogestion » devient le thème clé pour transformer et mobiliser l'Algérie. Cette pratique est introduite par le pouvoir, « par le haut », dans un pays qui n'y est préparé ni politiquement ni matériellement.

## 1. Régime présidentiel et parti unique

Le 25 septembre 1962, l'Assemblée nationale constituante, élue le 20 septembre, proclame la naissance de la République algérienne démocratique et populaire. Elle investit par cent cinquante-neuf voix contre une le gouvernement qui désigne Ahmed Ben Bella président du Conseil des ministres.

Dans ce gouvernement ne figure aucun membre du dernier GPRA. En revanche, cinq militaires, dont le colonel Houari Boumediene, occupent des postes clés. Ce gouvernement proclame sa volonté de réaliser une révolution socialiste, une réforme agraire, une algérianisation des cadres. Mais l'armée, fief de Boumediene, le FLN, que doit réorganiser le nouveau secrétaire général du Bureau politique Mohamed Khider, et l'Union générale des travailleurs algériens (UGTA) échappent à son autorité.

La notion de parti unique, qui ne s'était pas vraiment dégagée au congrès de Tripoli, s'impose peu à peu. Le Parti communiste algérien était interdit le 29 novembre 1962. Le nouveau FLN surgi dans la crise de l'été n'a plus de concurrents à l'extérieur de ses rangs. Le Parti de la révolution socialiste (PRS) de Mohamed Boudiaf est mis hors la loi en août 1963. Toute formation de parti autre que le FLN est dénoncée : elle signifierait une division du peuple, une fissure dans les fondations de l'État à construire. Il ne saurait y avoir la moindre distance entre le « peuple » et ses représentants du FLN. Tout va se jouer désormais à l'intérieur du Front. Les débats, les polémiques, les controverses (et évictions) en son sein ne peuvent pourtant pas être tenus pour une amorce de pluralisme politique.

Le FLN puise essentiellement sa légitimité dans l'histoire, très récente, de la guerre d'indépendance. Il ne dispose pas de la légitimité démocratique : « Ni l'indépendance de l'Algérie ni la légitimité du FLN ne découlent d'une consultation populaire, si solennelle soit-elle. Elles résultent de l'histoire de la libération. La légitimité du FLN comme parti unique est historique, les élections n'y ajoutent rien. Le processus d'investiture du FLN est parfaitement étranger aux mécanismes de la démocratie classique », comme le soulignent Jean Leca et Jean-Claude Vatin [74].

La mise au pas de la centrale syndicale UGTA, qui espère rester indépendante du Parti, se révèle difficile. Lors du premier congrès de l'UGTA (17-19 janvier 1963), Tahar Gaid, qui présente au nom du Bureau national le rapport d'orientation, aborde ainsi le problème des rapports avec le Parti : « Certains responsables du Parti qui n'ont rien de syndicalistes – et probablement à des fins personnelles – ont essayé d'accaparer la structure de l'UGTA. C'est ainsi que des bureaux syndicaux élus ont été remplacés par des délégués désignés. Dans certaines corporations, ils sont allés jusqu'à la création de cellules du Parti qui, au lieu de compléter l'action du syndicat, tentaient de l'éliminer » [99].

À l'issue du congrès, l'UGTA devient, « sous l'égide du FLN, une de ses organisations nationales » et doit se retirer de la Confédération internationale des syndicats libres (CISL). Le 11 avril 1963, Mohamed Khemisti, ministre des Affaires étrangères, est victime d'un attentat (il décédera le 5 mai). Le 16 avril, Mohamed Khider démissionne de son poste de secrétaire général du Bureau politique du FLN. Ahmed Ben Bella lui succède et cumule la fonction de chef de l'État et celle de secrétaire général du Bureau politique du FLN. Il cherche à réaliser la mobilisation militante et populaire dont il a tant besoin. Mais le Parti est devenu un organisme sans réel pouvoir, un symbole plus qu'un instrument politique réellement efficace.

Le 17 mai 1963, le colonel Houari Boumediene est nommé premier vice-président du Conseil. L'armée s'impose comme la pièce maîtresse dans l'arbitrage pour le pouvoir. Le 9 juin, Hocine Aït Ahmed prononce un violent réquisitoire contre Ahmed Ben Bella et se déclare prêt à mener une lutte politique contre le régime. Avec la constitution du FFS en Kabylie, il s'engage dans cette voie à l'automne de cette même année. Ferhat Abbas démissionne de la présidence de l'Assemblée algérienne, le 14 août, pour marquer son désaccord avec le projet constitutionnel du FLN. L'Assemblée constituante voit son rôle s'amenuiser. La Constitution elle-même a été élaborée en dehors d'elle, alors que Ferhat Abbas et Krim Belkacem voulaient en faire un instrument de contrôle du gouvernement. Cette Constitution, de type présidentiel et de style révolutionnaire, est adoptée par le Parlement algérien le 28 août, par 139 voix contre 23. Elle sera approuvée par référendum le 8 septembre (5 166 185 « oui » et 105 047 « non »). Le 15 septembre 1963, Ahmed Ben Bella est élu premier président de la République algérienne, par 5 085 103 voix.

## 2. Le socialisme algérien et l'autogestion

Le 20 mars 1963, Ahmed Ben Bella présente à la radio-télévision le décret portant organisation et gestion des entreprises industrielles ainsi que des exploitations agricoles jugées vacantes du fait du départ des Européens. Le 1er octobre de la même année, il annonce la nationalisation des dernières propriétés appartenant à des colons français.

Le socialisme algérien se veut, en 1963, avant tout poursuite d'une révolution paysanne. Fils de paysans de Marnia où il est né en 1916, Ben Bella porte volontiers son regard du côté des campagnes, se méfie de l'attitude revendicative des citadins et des ouvriers. Il déclare au congrès de l'UGTA de janvier 1963 : « Il faut se garder des tentations qui se manifestent ici et là et qui portent un nom : l'ouvriérisme […] Cette tentation ouvriériste que connaissent déjà plusieurs syndicats africains aboutirait à créer une catégorie privilégiée […]. Je regrette qu'il n'y ait pas davantage de fellahs dans ce congrès. » Certains « biens vacants » sont exploités par des comités de gestion composés d'anciens ouvriers agricoles. D'autres propriétés deviennent « vacantes » après expulsion des colons, d'autres encore sont occupées militairement et nationalisées (il s'agit surtout des grands domaines « capitalistes »).

Le secteur socialiste naît du regroupement des anciens domaines en unités agricoles, dites autogérées, de dimensions importantes. En même temps est créé un Office national de la réforme agraire (ONRA) dont la lourde gestion étatique brise les revendications d'autonomie des comités locaux sans parvenir à un rôle d'animation. L'ONRA sera dissous en 1966 lorsqu'il apparaît que le déficit du secteur socialiste s'accroît sans cesse.

Le secteur agricole autogéré s'étend en 1965 sur 2 312 280 hectares et comprend presque toute l'agriculture « moderne ». Il ne compte que 115 000 ouvriers permanents en 1968 sur une population active agricole de 1 300 000. Toutefois, les « comités de gestion » (dont le nombre a été réduit de 2 300 à 1 650 en 1969) assurent 60 % du produit brut de l'agriculture.

Dans le secteur industriel et commercial, toutes les entreprises « vacantes » sont mises en régime d'autogestion ainsi que certaines moins importantes appartenant à des sociétés françaises. Quelques entreprises et propriétés algériennes sont également placées en gestion coopérative (les entreprises industrielles autogérées ne rassemblent pas plus de 10 000 travailleurs). Quant au commerce extérieur, il est en majeure partie monopolisé par un office étatique, l'ONACO (Office national du commerce).

Dans l'entreprise autogérée, l'organisation des pouvoirs est, en principe, soumise à la démocratie dite directe. L'ensemble des travailleurs permanents réunis en assemblée générale (AG) constitue l'organe législatif suprême. Mais l'État reste propriétaire du patrimoine des entreprises et s'octroie un pouvoir de tutelle. Le directeur, nommé par les pouvoirs publics, dispose d'un droit de veto à l'égard de toute décision des organes collégiaux qui serait contraire aux orientations de la planification économique nationale [67, 94]. L'accent est mis sur la relance de l'activité économique, sur le développement national, plutôt que sur la transformation des rapports de production [44].

Les décrets de 1963 ne sont pas venus avaliser un vaste mouvement social qui aurait réclamé cette autogestion. La paysannerie pauvre aspirait, à la suite des dures conditions de la colonisation, à rompre avec l'ordre agraire ancien et à bénéficier de meilleures conditions de travail. Mais rien ne prédisposait des anciens ouvriers de colons, sans instruction et sans qualification, à mettre en œuvre des formes de gestion collectives. Pour le sociologue Michel Launay, les fellahs n'avaient pas clairement opté pour le système de l'autogestion (*Paysans algériens*, Seuil, 1963). Les uns envisageaient la réforme agraire sous la forme d'un partage des terres et d'une appropriation privative, d'autres attendaient plutôt une amélioration de leurs conditions de salariés dans le cadre de fermes d'État gérées par des responsables nommés par le gouvernement.

Le thème de l'autogestion est l'enjeu politique du moment. Le pouvoir est tiraillé entre les militants de l'UGTA qui poussent à la mise en place de comités de gestion et l'armée qui entend restaurer l'autorité de l'État. « À différents points de vue, l'autogestion constituait une formule d'attente, une formule conservatoire plus qu'elle n'exprimait un choix politique fondamental », note Gauthier de Villers [98].

## 3. La politique étrangère et la « guerre des sables »

La politique étrangère de la « République algérienne démocratique et populaire », qui a été admise à l'ONU le 8 octobre 1962, s'inspire officiellement de sa position géographique, mais surtout des choix idéologiques de ses dirigeants. « L'Algérie est partie intégrante du Maghreb arabe, du monde arabe et de l'Afrique » ; elle pratique « le neutralisme positif et le non-engagement » (art. 2 de la Constitution).

La vocation africaine de l'Algérie se traduit surtout par des prises de position en faveur des peuples africains encore colonisés (notamment l'Angola, la Guinée-Bissau, le Mozambique) ou sous domination raciale (l'Afrique du Sud). À l'issue du premier sommet panafricain, réuni à Addis-Abéba (22 au 22 mai 1963) et auquel ont participé trente États indépendants, la charte de l'*Organisation de l'unité africaine* (OUA) est signée. L'adhésion à cette charte vaut à l'Algérie une grande popularité parmi les dirigeants de l'Afrique noire. L'appartenance au camp du « nationalisme arabe » et l'arabité proclamée par Ahmed Ben Bella renforcent la solidarité de l'Égypte nassérienne et de l'Algérie. Mais la réalisation du Maghreb arabe unifié, voulu par les dirigeants algériens, marocains et tunisiens à la conférence de Tanger (27-30 avril 1958), s'éloigne à la suite de divers conflits politiques et militaires. Dès janvier 1963, le chef de l'État tunisien Habib Bourguiba rappelle son ambassadeur en signe de protestation contre la protection accordée par l'Algérie aux auteurs d'un complot contre le régime tunisien. Entre Alger et Rabat, le conflit prend des proportions plus importantes et aboutira à la « guerre des sables » d'octobre-novembre 1963. Depuis 1960, les Marocains espéraient voir modifier en leur faveur la frontière saharienne tracée par la France, et cela conformément à un accord signé entre le roi Mohammed V et le GPRA.

Tandis que des négociations se déroulent à Oujda, près de la frontière, des accrochages ont lieu le 8 octobre 1963 entre des militaires de l'Armée nationale populaire (ANP) et des « éléments incontrôlés », selon les Algériens, des unités des Forces armées royales (FAR), selon les Marocains. Le roi Hassan II décide de dépêcher à Alger Abdelhadi Boutaleb, ministre de l'Information, tandis que des troupes sont envoyées à la frontière saharienne. Après l'échec de la mission Boutaleb, le 10 octobre, les accrochages se multiplient. Le gouvernement algérien décrète la mobilisation générale des anciens *djounoud* (combattants). La médiation du souverain éthiopien à la conférence de Bamako des 29-30 octobre 1963 aboutit à un accord de cessez-le-feu. L'arrêt

## La guerre entre l'Algérie et le Maroc, l'analyse de Mohamed Boudiaf en 1964

« Sans aller jusqu'à situer la responsabilité de l'un ou l'autre des partenaires dans le déclenchement du conflit, nous nous contenterons de souligner que les deux régimes ont su en tirer profit pour tenter de se renforcer sur le plan interne. Au cas où il y aurait provocation de la part des Algériens, nous pouvons constater que les dirigeants marocains n'ont rien fait pour empêcher cette affaire de prendre l'ampleur que l'on sait. Par une exploitation habile du conflit, ils ont su d'une part rallier l'opposition de droite, d'autre part liquider l'opposition de gauche (l'UNFP) trop compromise par ses alliances avec le régime de Ben Bella. Ce dernier, quand à lui, plaça le FFS devant l'alternative : ou continuer la lutte armée et être accusé de trahison, ou composer avec le pouvoir, ce qui, dans la conjoncture algérienne de l'époque pouvait être considéré comme un succès pour ce dernier. C'est d'ailleurs cette dernière solution qui a prévalu. [...] Le litige frontalier n'a pas encore trouvé d'issue et à tout moment la querelle peut être ranimée. Comme nous l'avons vu, ce problème n'est pas nouveau, mais sa solution est devenue plus difficile. L'unité du Maghreb, au moins sur le plan économique, aurait apporté une issue et liquidé les germes de désordre hérités de la colonisation. Ses perspectives s'éloignent. La rupture entre les deux pays est consommée. La création d'un climat passionnel, les insultes, non seulement entre les dirigeants, mais surtout entre les masses encore sensibles au particularisme et au nationalisme creusent un fossé qu'il sera difficile de combler. »

(Mohamed Boudiaf, *Où va l'Algérie ?*, Paris, Éditions de l'Étoile, 1964, p. 143 et 145.)

---

des combats doit intervenir le 2 novembre à 0 heure. Une commission mixte détermine une zone de repli pour les troupes en présence.

Malgré le cessez-le-feu, Algériens et Marocains combattent encore le 2 novembre autour de la palmeraie de Figuig. Le 5 novembre, le cessez-le-feu sera respecté et la « guerre des sables » prend fin sur la base d'un *statu quo*.

Pour contrebalancer ses relations commerciales avec la France jugées trop étroites, l'Algérie cherche à développer ses relations économiques avec d'autres États. L'URSS fournit des prêts et une aide technique, mais commerce peu avec l'Algérie. Celle-ci fait désormais l'essentiel de son commerce avec les pays de la Communauté économique européenne – environ 70 % du total, dont la moitié avec la France. La part des pays socialistes reste faible (moins de 5 %), celle des États-Unis et des États européens est forte (de l'ordre de 10 %). La France demeure en 1970 le premier fournisseur de l'Algérie, mais son rôle diminue à partir de la crise de 1971 entre les deux pays.

## 4. L'aggravation de la situation économique

Généreux mais mal informé des énormes tâches à résoudre, Ben Bella introduit l'« autogestion » dans un pays qui n'y est préparé ni politiquement ni matériellement.

La situation sociale est préoccupante. L'Algérie compte en 1963 deux millions de chômeurs et 2 600 000 personnes sans ressources. Divers troubles éclatent, nés de la misère : révoltes paysannes notamment dans le Constantinois ; extension du banditisme, manifestations sporadiques mais continues de chômeurs dans les villes.

Trois raisons, au moins, sont à l'origine de ce processus. D'abord, le manque de main-d'œuvre qualifiée et de techniciens en mesure de faire tourner les équipements coloniaux abandonnés par les Européens ; ensuite, la vétusté des installations qui n'avaient fait l'objet d'aucun renouvellement à l'approche de l'indépendance ; et, enfin, le resserrement du marché local pour des productions largement destinées auparavant à satisfaire une demande d'origine européenne. À cela s'ajoute une grave crise de l'agriculture d'exportation à cause de la limitation des débouchés pour la production locale (baisses d'un tiers, d'un quart et deux tiers respectivement pour le vignoble, les légumes et les cultures industrielles).

Le secteur rural autogéré absorbera la majeure partie des crédits disponibles et son activité est lourdement déficitaire. La production agricole cependant ne progresse pas, alors que les besoins de la consommation ne cessent d'augmenter. La moyenne de la production céréalière ne dépasse pas 16 à 17 millions de quintaux alors que les besoins s'élèvent à 24-25 millions et que la population augmente de 3 % par an.

Après l'échec puis l'arrêt officiel du plan de Constantine, les résultats dans l'industrie sont alarmants : dans le bâtiment et les travaux publics, par exemple, on note une baisse de la production de 55 % entre 1962 et 1963. Sur 2 000 entreprises de travaux publics, 1 400 disparaissent. Tandis que dans les secteurs minier et métallurgique, la production baisse de 20 % et de 15 %. La sous-utilisation des capacités de production est très inquiétante : 58 % dans le textile, 14 % dans les conserveries de poisson, 40 % pour les fruits et arrêt quasi total de la production sucrière. La chute des investissements est encore plus brutale que celle de la production : réduction de 1 464 à 84 milliards entre 1961 et 1963 en prix courants (pétrole inclus) et de 333 à 69 milliards (pétrole exclu). Dans le même temps, les dépenses improductives croissent avec un énorme gonflement des services publics. Le nombre des agents publics est passé, de 1954 à 1963, de 30 000 à 180 000 personnes.

L'armée représente une charge importante dans le budget de fonctionnement. Au début de l'année 1962, l'Armée de libération nationale (ALN) comptait 80 000 soldats aux frontières et 6 000 pour le maquis ; en 1963, ses effectifs sont passés à 120 000 hommes de troupe, consommant 10 % du PIB.

En 1963, le déficit est tel que l'Algérie est amenée à contracter auprès de la France un prêt de 1 300 millions de francs. Elle attend de la France toute une série de décisions favorisant son économie : achèvement des travaux entrepris ; envoi de techniciens volontaires et de coopérants de l'Éducation nationale ; accords d'exportation concernant le vin. L'immigration algérienne est favorisée à cette époque.

### 5. La poursuite de l'émigration

Les nouvelles vagues migratoires, après l'indépendance de l'Algérie, font voler en éclats les dispositions élaborées par les accords d'Évian de 1962. De part et d'autre de la Méditerranée, les gouvernements algérien et français envisagent la mise en place d'un contrôle des « flux ». Le 9 janvier 1964, entre le ministre des Affaires sociales du gouvernement algérien et le ministre du Travail français, il est convenu ce qui suit : « 1. Les deux gouvernements ont estimé qu'il était conforme à l'intérêt de l'Algérie et de la France de normaliser les courants de main-d'œuvre entre les deux pays ; 2. Dans l'immédiat et jusqu'au 1er juillet [1964], les arrivées nouvelles de ressortissants algériens en France seront déterminées en fonction des problèmes posés [...] aux économies des deux pays ; 3. À partir du 1er juillet [1964], les arrivées de travailleurs algériens seront fixées en fonction des disponibilités en main-d'œuvre de l'Algérie et des possibilités du marché français de l'emploi, que le gouvernement français fera connaître trimestriellement au gouvernement algérien. »

Ces mesures de contingentement n'empêchent pas l'immigration de grossir. Au printemps 1965, le seuil de 450 000 Algériens en France est dépassé.

La *charte d'Alger* du FLN, adoptée en avril 1964, reconnaît que « les causes de l'immigration algérienne en Europe, et plus particulièrement en France, sont étroitement liées au niveau de développement [de l'Algérie]. Elle peut être atténuée ou freinée mais ne cessera qu'avec la disparition de ses causes principales. » En clair : pas question d'arrêter l'émigration tant que le pays ne se sera pas sensiblement développé. L'annexe de la charte de 1964 spécifiait que « le marché du travail français fournira un débouché traditionnel pour la main-d'œuvre non employée en Algérie ».

En fait, le régime benbelliste reconnaît – à rebours de toutes les théories émises précédemment – qu'il ne peut se passer de la soupape de sécurité que lui offre le marché de l'emploi en France. L'émigration est donc considérée comme un « mal nécessaire ». Elle est encouragée, en fait, par un État soucieux d'alléger la pression sur le marché du travail et d'améliorer le solde de la balance des paiements (par le rapatriement de devises opéré par les travailleurs émigrés pour soutenir financièrement leurs familles au pays).

## 6. Le mouvement vers les villes

Le départ massif des pieds-noirs a entraîné un processus d'appropriation des espaces laissés vacants. La vacance des emplois entraîne un très vaste et brutal glissement de populations vers les zones urbaines. Composés en majorité de paysans

sans terre ou de fellahs dépourvus de disponibilités monétaires, ces nouveaux courants migratoires marqueront durablement le paysage des villes (saturation des médinas anciennes, expansion foudroyante de l'habitat précaire et édification de bidonvilles à proximité de villes nouvelles).

Entre 1960 et 1963, les villes algériennes voient arriver 800 000 nouveaux habitants (dont la moitié pour la seule agglomération d'Alger). La population algéroise augmente de 85 % entre 1954 et 1960. La population des communes urbaines passe de trois millions de personnes en 1959 à quatre millions en 1966 sur une population totale de dix millions. L'appropriation de l'espace urbain n'efface pas les différenciations de classes, elle tend même à en créer, notamment l'opposition entre couches moyennes et paysannerie pauvre, déracinée, formée parfois par les « rurbains » [68]. L'exode rural n'a débouché que sur le chômage, ou tout au plus l'occupation d'emplois non qualifiés créés par les services et des petits métiers. Les premières années de l'indépendance ont également vu la consolidation et l'élargissement des couches urbaines de la petite bourgeoisie : employés de l'administration civile et militaire, petits commerçants, artisans, petits détaillants.

## 7. L'isolement politique de Ben Bella

Tribun charismatique et populiste, Ahmed Ben Bella se coupe de plus en plus des réalités économiques. Et surtout de ses anciens compagnons de la lutte nationaliste. Dès le 27 septembre 1962, Mohamed Boudiaf, pourtant lui aussi l'un des fondateurs historiques du FLN, quitte ce mouvement pour créer le Parti de la révolution socialiste (PRS), qui conteste la légitimité du pouvoir. Ferhat Abbas, le premier président du GPRA en 1958 et de l'Assemblée constituante en septembre 1962, prend également ses distances. Le 16 avril 1963, Mohamed Khider, un autre « responsable historique » de l'insurrection de novembre 1954, démissionne de son poste de secrétaire général du FLN. S'ils ne se retirent pas d'eux-mêmes, d'autres opposants (ou supposés tels) se retrouvent écartés, voire incarcérés. Le 25 juin 1963, Ben Bella annonce officiellement que Boudiaf et trois autres personnes ont été arrêtés pour « complot contre l'État ». Le 29 septembre de cette même année, Hocine Aït Ahmed (ancien co-interné avec Ben Bella pendant la guerre d'Algérie) annonce la création d'un Front des forces socialistes (FFS) qui passe aussi dans l'opposition.

Le 10 octobre 1963, l'ANP ouvre le feu sur les troupes de la 7e région en Kabylie. L'ANP entre à Fort-National, à Azazga, aux Ouadhias, sans rencontrer de résistance. Le colonel Mohand ou el-Hadj, Aït Ahmed et leurs partisans gagnent le maquis. Le 12, Ben Bella ordonne la reprise en main de tous les centres kabyles par les forces de l'ordre. Le 12 novembre, un accord est conclu entre le président Ben Bella et le colonel Mohand ou el-Hadj. Aït Ahmed poursuit la « résistance en Kabylie », qui apparaît comme un cas larvé de « guerre civile ».

Au premier congrès du FLN, des 16-21 avril 1964, Ben Bella affirme avec force et conviction la primauté de l'action révolutionnaire sur les tâches de construction institutionnelle et de réorganisation du pays. La dénonciation de la thèse du primat de la construction étatique vise le clan Boumediene, tandis que le discours prononcé par le président à ce congrès désigne les « éléments liés à la bourgeoisie » comme une menace pour le pays, ce qui illustre « la fréquente utilisation, en cette période de l'histoire algérienne, des schémas d'analyse marxistes aux fins de sublimer en luttes de classes des affrontements pour le pouvoir » [98].

Mais le jeu d'alliances de Ben Bella comme le choix de l'autogestion débouchent sur une impasse. Le premier parce qu'il ne lui a pas permis d'asseoir son autorité de manière indiscutable et de consolider l'État de manière durable ; le second parce qu'il ne correspond pas à l'état des rapports sociaux.

## 8.  Le coup d'État du 19 juin 1965

Au lendemain de l'indépendance algérienne, les tentatives de s'appuyer sur la société réelle pour reconstruire un État et l'économie se heurtent à la puissance de l'appareil militaire. L'historien Mohammed Harbi, qui a joué un rôle politique actif pendant la guerre et la période Ben Bella, note : « Le goût du changement brusque et total, le refus de l'action politique patiente, la préférence de Ben Bella pour les voies irrégulières dans la conduite des affaires publiques, tous ces facteurs mènent droit au coup d'État de Boumediene. »

En 1964, une révolte armée éclate avec, à sa tête, le colonel Mohamed Chaabani, soutenu par Mohamed Khider, qui annonce en août 1964 garder les « fonds secrets du FLN ». Le 17 octobre 1964, Hocine Aït Ahmed est arrêté en Kabylie. Son procès a lieu du 7 au 10 avril 1965. Il est condamné à mort et sera gracié le 12. Le désordre s'installe, y compris au sommet de l'État.

N'osant pas s'attaquer directement à Houari Boumediene, vice-président du Conseil et ministre de la Défense, c'est-à-dire chef de la seule force organisée du pays, Ahmed Ben Bella cherche à réduire l'influence du « groupe d'Oujda », ainsi nommé en souvenir de l'époque où Boumediene commandait cette région. Il provoque la démission d'Ahmed Medeghri, ministre de l'Intérieur, en soustrayant les préfets à son autorité pour les rattacher à la Présidence. De même, il pousse Kaïd Ahmed à renoncer au ministère du Tourisme en prenant le parti des comités de gestion de l'hôtellerie dans un conflit qui les oppose à leur ministre.

À l'occasion d'un remaniement ministériel en décembre 1964, il réduit considérablement les attributions de Chérif Belkacem, membre du groupe d'Oujda, ministre de l'Orientation, qui a sous son autorité l'Information, l'Éducation nationale et la Jeunesse. Président de la République, chef du gouvernement et secrétaire général du FLN, il s'attribue les portefeuilles de l'Intérieur, des Finances, de l'Information. Ben Bella rassemble sur son nom toutes les oppositions. Le docteur Mohamed-Seghir Nekkache, ministre de la Santé, le met en garde, sentant l'imminence du danger [27].

Le 28 mai 1965, alors que Boumediene représente l'Algérie à la conférence des chefs de gouvernement arabes au Caire, Ahmed Ben Bella annonce qu'il retire à Abdelaziz Bouteflika, autre membre du groupe d'Oujda, son portefeuille de ministre des Affaires étrangères. Bouteflika alerte aussitôt son « patron », Houari Boumediene. Ce dernier réunit ses compagnons du groupe d'Oujda que viennent rejoindre ceux du groupe de Constantine (Tahar Zbiri, Saïd Abid, Ahmed Draia, Salah Soufi,

Abdelaziz Zerdani). Tous sont pour le renversement de Ben Bella. L'opération est minutieusement préparée.

Le 19 juin 1965, à 1 h 30 du matin, Ahmed Ben Bella est arrêté. Des chars ont pris position aux points stratégiques. Des passants s'imaginent qu'il s'agit du tournage du film *La Bataille d'Alger* (de Gillo Pontecorvo, qui obtiendra le Lion d'or au festival de Venise en 1966). Mais à 12 h 05, dans un message signé du colonel Boumediene, Radio-Alger annonce la création d'un Conseil de la révolution qui assume tous les pouvoirs. Cinq jours plus tard aurait dû s'ouvrir à Alger le sommet afro-asiatique au cours duquel le président Ben Bella devait apparaître comme l'un des principaux leaders du tiers monde.

Le premier président de la République algérienne restera enfermé pendant quinze ans et ne sera libéré que le 30 octobre 1980. Son arrestation ne provoque pas de grandes manifestations populaires, hormis à Annaba où l'on signalera une dizaine de morts à la suite de sanglants affrontements avec l'armée. Une nouvelle époque commence.

# III / Boumediene, l'État et les institutions

Contrairement à ce que l'on a souvent dit, c'est l'État-armée sous Houari Boumediene qui tient véritablement le parti FLN, et non le parti unique qui tient l'État. Après la mise en place de chartes « communales » et « municipales », la Charte nationale de 1976 déclare le socialisme comme « option irréversible », fixe les grandes orientations politiques, économiques, culturelles. La Constitution de novembre 1976 organise le fonctionnement de l'appareil de l'État, confirme « l'islam comme religion d'État ». La première Assemblée populaire nationale (APN) est élue le 25 février 1977.

## 1. La volonté d'un État fort

Ahmed Ben Bella à peine arrêté, Houari Boumediene fait publier un communiqué-programme pour expliquer les raisons du coup d'État du 19 juin 1965. Le texte souligne que le pays « est au bord de l'abîme » et que, depuis l'accession à l'indépendance, il se trouve « livré aux intrigues et à l'affrontement des tendances et des clans ». Il dénonce le « narcissisme politique », le « socialisme publicitaire » et affirme que « les options fondamentales sont irréversibles et les acquis de la révolution inaliénables ».

Boumediene propose un siège au nouveau Conseil de la révolution à tous les membres du Bureau politique du FLN, à l'exception de ceux qui ont été arrêtés. Deux seulement refusent : Hocine Zahouane et Omar Benmahjoub. Tous les ministres se rallient aussi (deux d'entre eux, Ali Mahsas et Bachir Boumaza, démissionneront un an plus tard). Le gouvernement est formé le 10 juillet 1965. En septembre, un réseau clandestin, l'Organisation de la résistance populaire (ORP), formé par d'anciens membres du Parti communiste algérien (PCA) et des marxistes indépendants ayant été proches de Ben Bella, est vite démantelé par la police politique du nouveau régime.

Né officiellement le 23 août 1932 à Héliopolis près de Guelma dans l'Est algérien, Mohamed Brahim Boukharouba, dit Houari Boumediene, est fils d'un paysan pauvre qui élève difficilement ses sept enfants. Boumediene acquiert, à partir de l'âge de quatorze ans, une formation en arabe en fréquentant tour à tour la *medersa* Kitania de Constantine, la Zitouna de Tunis, enfin, à partir de 1951, l'université Al Azhrar du Caire. Chef de la wilaya V pendant la guerre d'indépendance, il installe son quartier général à Oujda au Maroc, puis devient responsable de l'état-major de l'ALN [53].

Homme secret et inflexible, idéologue austère et volontaire, Boumediene va fortement marquer de son empreinte l'histoire contemporaine de l'Algérie. Il a un côté « jacobin » et centralisateur, et on a souvent dit de lui qu'il a voulu faire de l'Algérie la « Prusse du Maghreb » et le fédérateur de la région [10]. Il a peu de considération pour le FLN, qu'il juge devenu un « corps sans âme ». Il s'appuie surtout sur l'armée pour gouverner. Il élimine à l'aide de la redoutable sécurité militaire (police politique) toute velléité d'opposition. Mohamed Khider est assassiné à Madrid le 4 janvier 1967. Krim Belkacem, ancien vice-président du GPRA pendant la guerre d'indépendance et principal négociateur algérien à Évian, est retrouvé étranglé le 20 octobre 1970 dans une chambre d'hôtel à Francfort. Hocine Aït Ahmed et Mohamed Boudiaf vivent en exil à l'étranger, où ils tentent d'organiser des mouvements d'opposition.

Le Conseil de la révolution lui-même, mis en place après le coup d'État du 19 juin 1965, se réduit au fil des ans. Après le départ d'Ali Mahsas et de Bachir Boumaza, Abdelaziz Zerdani rompt avec le régime en 1967 sur le thème de la défense de l'autogestion. Il est rejoint par le colonel Tahar Zbiri qui se lance, sans succès, dans une tentative de putsch. Le 15 décembre 1967, le président Boumediene destitue Zbiri et assure désormais le commandement de l'Armée nationale populaire (ANP).

Le clan d'Oujda, équipe d'officiers supérieurs dont les liens s'étaient noués en 1956 pendant la guerre et qui avait aidé Boumediene à se hisser au pouvoir, se désintègre dans les années soixante-dix. En décembre 1972, un communiqué de la Présidence décharge Kaïd Ahmed des fonctions de responsable du FLN. Ahmed Medeghri, ministre de l'Intérieur, meurt dans des circonstances mystérieuses en 1974, par « suicide » selon la version officielle. Chérif Belkacem, ministre d'État, est limogé en 1975. Abdelaziz Bouteflika sera le seul du clan d'Oujda à conserver ses fonctions. Il restera, de 1964 à 1979, un inamovible ministre des Affaires étrangères.

En 1975, dix ans après le coup d'État, le Conseil de la révolution ne comprend plus que douze de ses vingt-six membres initiaux. La plupart des « fondateurs » de ce Conseil ont été écartés au profit de hauts fonctionnaires et de gestionnaires. Ils ont pour noms Belaïd Abdesslam, Sid Ahmed Ghozali ou Mohamed Liassine. Après 1976, le pouvoir tente de réintégrer une fraction de l'élite formée d'intellectuels. Le dernier gouvernement constitué par Houari Boumediene, en avril 1977, comprend des hommes comme Mostefa Lacheraf, Mohamed Benyahia, ou Rheda Malek.

L'évolution la plus significative du système politique algérien mis en place après le coup d'État de 1965 est donc l'accentuation du caractère autoritaire de l'État, appuyé sur l'armée. Ce processus d'édification suit plusieurs étapes.

## 2. L'encadrement de la société : communes, wilayas, entreprises

Après l'indépendance de 1962, les structures du nouveau pouvoir algérien restent celles de l'ancien pouvoir colonial : ce n'est que le 5 juillet 1975 qu'une ordonnance abroge officiellement la loi du 31 décembre 1962 qui reconduisait jusqu'à nouvel ordre la législation française en vigueur. Quelques règles institutionnelles avaient été posées dès 1962 (prééminence du parti unique, refus de la séparation des pouvoirs et du pluralisme politique) et surtout

## Boumediene, l'armée et l'État

« Nous devons protéger le socialisme et le sauvegarder. Pour ce faire, nous ne pouvons pas compter uniquement sur l'enthousiasme du peuple, sur ses nobles sentiments. Nous devons construire pour notre peuple un outil qui lui servira à triompher de ses ennemis à l'intérieur, et à défendre l'intégrité du territoire et l'expérience socialiste en cours.

« Nous ne saurions être un peuple romantique ou imaginaire, vivant dans un monde de rêves.

« Le socialisme ne signifie pas autre chose qu'une transformation radicale de la société algérienne, ce qui implique l'élimination des intérêts en opposition avec les intérêts supérieurs du peuple algérien. Ce qui implique également l'élimination des trusts étrangers qui exploitent notre peuple depuis des dizaines d'années. Il est clair qu'une telle transformation ne peut se concevoir sans difficultés.

« Aussi s'avère-t-il indispensable d'édifier l'Armée nationale populaire, condition fondamentale pour la sauvegarde des acquis révolutionnaires de notre peuple laborieux et pour la défense du pays. »

(Houari Boumediene, 1ʳᵉ réunion des présidents des assemblées populaires communales, 27 février 1967.)

après le coup d'État du 19 juin 1965, baptisé ultérieurement « redressement révolutionnaire ».

La charte communale du 18 janvier 1967 confère aux assemblées populaires communales (APC, « conseil municipal »), élues à l'origine pour quatre ans au suffrage universel direct sur proposition du Parti, le soin de gérer les affaires de chaque commune. Elle élabore son propre programme économique local et définit, conformément au plan national de développement, les actions économiques susceptibles d'assurer le développement communal.

La charte de la wilaya (département) du 25 mai 1969 crée une assemblée populaire de wilaya (APW) élue pour cinq ans au suffrage universel direct sur proposition du Parti ; elle est assistée d'un conseil exécutif placé sous l'autorité du wali (préfet), nommé par le gouvernement central et chargé d'exécuter les délibérations de l'assemblée. Comme la commune, la wilaya a d'importantes compétences économiques. Elle participe en particulier au contrôle, sur le plan local, de la gestion des entreprises nationales et relevant du secteur socialiste. Le wali tient un rôle clé aussi bien vis-à-vis de la commune, sur laquelle il exerce une tutelle administrative et financière, que de la wilaya. Il apprécie, en particulier, la conformité des actes des organes locaux à la « légalité révolutionnaire ». Il est à la fois « gouverneur » et « tuteur ».

L'affirmation institutionnelle du régime de Houari Boumediene se confirme par le « tournant socialiste » de 1971.

L'ordonnance du 8 novembre 1971 portant « révolution agraire » touchera le quart des surfaces agricoles et environ 120 000 « attributaires », regroupés en coopératives de types divers (exploitation en commun, production collective, services polyvalents et spécialisés). Les meilleures terres étaient déjà sous contrôle public (domaines dits autogérés).

L'ordonnance du 16 novembre 1971 organise la gestion socialiste des entreprises (GSE), appliquée à toutes les entreprises « dont le patrimoine est constitué intégralement par les biens publics ». La base en est constituée par l'assemblée des travailleurs élue pour trois ans par le collectif de l'ensemble des travailleurs parmi les travailleurs syndiqués proposés par une commission électorale tripartite (Parti, syndicat, administration). Mais le pouvoir important est détenu par le conseil de direction : celui-ci comprend un ou deux membres de l'assemblée élus par celle-ci, mais il est présidé par le directeur général nommé et révoqué par l'autorité de tutelle (l'État) sur proposition du directeur général. Ce dernier, qui « agit sous l'autorité de tutelle », est « responsable du fonctionnement général de l'entreprise » et « exerce l'autorité hiérarchique sur le personnel ».

Ce modèle général reproduit à l'échelle de l'entreprise le système politique global : les « citoyens travailleurs », base du pouvoir, encadrés par le syndicat et le Parti, sont mobilisés pour participer au bon fonctionnement des différentes « républiques » (communales, départementales, coopératives, entreprises) sous le contrôle du « pouvoir révolutionnaire » (pour le recrutement) et du pouvoir d'État (pour l'exécution et la tutelle).

Par ces mesures, Boumediene cherche un nouvel équilibre politique en redéfinissant ses orientations et ses alliances. Il manifeste des signes d'ouverture en direction des milieux de l'« intelligentsia progressiste ». Il associe en particulier – mais de manière non publique – le Parti d'avant-garde socialiste (PAGS, communiste) à la formulation des thèmes idéologiques de mobilisation du pouvoir.

## 3. La Charte nationale de 1976

Le 19 juin 1975, à l'occasion du dixième anniversaire du coup d'État, Houari Boumediene annonce l'élaboration d'une Charte nationale, l'élection d'une Assemblée nationale et d'un président de la République. Le 26 avril 1976, l'avant-projet de la Charte nationale est publié. Une vaste campagne de débats publics est organisée dans les quartiers, les lieux de travail en ville et à la campagne. Mais la procédure suivie pour la rédaction du projet définitif est telle que le pouvoir conserve le contrôle du processus des discussions publiques et des amendements. Le texte initial ne subit que très peu de remaniements.

La Charte nationale, adoptée par référendum le 27 juin 1976 avec 98,5 % de « oui », constitue la « source suprême de la politique de la nation et des lois de l'État », selon la Constitution qui sera présentée ultérieurement (article 6). Elle est l'objet du serment que prêtera le futur président de la République. C'est dire son importance.

L'Algérie y est présentée comme un pays divisé en classes et en groupes divers, mais non en ethnies ou « nations » différentes. L'Algérie « n'est pas un assemblage de peuples en une mosaïque d'ethnies disparates ». La question berbère n'est pas mentionnée dans ce document.

L'Algérie est une totalité organique où le socialisme développe rationnellement ce que la guerre de libération nationale avait entamé : la renaissance de la nation et la refonte totale de la société. Il s'ensuit que le pluralisme social ne doit pas se traduire dans un pluralisme politique qui s'exercerait par l'intermédiaire d'associations volontaires politiquement autonomes. L'intérêt général doit être recherché par le biais d'une intégration sociale résultant de l'action d'un pouvoir politique fortement concentré.

À l'opposé de la Charte d'Alger, adoptée par le FLN en 1964, qui critiquait l'institution étatique et la bureaucratie en affirmant la prééminence sur l'État d'un « parti d'avant-garde profondément lié aux masses », la Charte nationale de 1976 affirme : « La restauration de la souveraineté nationale, la construction du socialisme, la lutte contre le sous-développement, l'édification d'une économie moderne et prospère et la vigilance contre les dangers extérieurs exigent un État solide et sans cesse renforcé, non un État invité à dépérir, alors qu'il resurgit à peine du néant. » Ce texte conduit donc à l'exaltation du rôle de l'État : la symbiose du peuple et de la révolution conduit à l'incarnation du peuple dans le Parti et du Parti dans la haute direction de l'État. L'État, héritier de la lutte de libération nationale, est l'expression de la volonté de la nation et du peuple. L'État est aussi, maintenant que l'indépendance a été durement acquise, l'« agent principal de la refonte de l'économie et de l'ensemble des rapports sociaux ».

La Charte prétend à la fusion des sphères politique, économique et religieuse. Chaque Algérien doit être à la fois militant de la révolution socialiste, producteur d'une société industrielle, consommateur du marché national et croyant dans la religion de l'État.

L'islam est en effet partie intégrante de l'idéologie de l'État comme « composante fondamentale de la personnalité algérienne ». De plus, il est la « religion de l'État » (puisque « le socialisme n'est pas une religion », dit la Charte), mais il s'ensuit que c'est l'État qui en définit la portée politique. La Charte précise que « l'islam n'est lié à aucun intérêt particulier, à aucun clergé spécifique ni à aucun pouvoir temporel » et en conclut que « l'édification du socialisme s'identifie avec l'épanouissement des valeurs islamiques ». Première application de la Charte, dont elle est la traduction juridique, la Constitution devient la « clé de voûte » de l'édifice institutionnel. Elle est officiellement approuvée, le 19 novembre 1976, par 7 080 904 Algériens sur 7 708 954 inscrits et 7 163 007 votants (99,18 % de « oui »).

### 4. La Constitution et le Parlement

Le préambule de la Constitution de 1976 rappelle que l'Algérie doit son indépendance à une guerre de libération « qui restera dans l'histoire comme une des plus grandes épopées ayant marqué la résurrection des peuples du tiers monde » et affirme les options socialistes du pays. Elle souligne que les institutions mises en place depuis le 16 juin 1965 visent à « transformer les idées progressistes de la révolution en réalisations concrètes ».

La Constitution de 1976 consacre le présidentialisme du système politique algérien, la prééminence de l'État et du gouvernement sur tout autre organisme représentatif de type partisan ou de type électif [37]. Elle n'attribue un « rôle dirigeant au FLN » que dans le sens où le pouvoir est dévolu à sa direction qui se confond avec celle de l'État. L'article 98 de la Constitution stipule, en effet, que la direction du Parti est appelée à orienter la politique générale du pays dans le cadre de l'« unité de direction politique du Parti et de l'État » ; l'article 102 stipule que « les fonctions déterminantes de responsabilité au niveau de l'État sont détenues par des membres de la direction du Parti ».

Le chef de l'État est le chef suprême des forces armées. Il arrête, conduit et exécute la politique générale de la nation. Il nomme et révoque les membres du gouvernement qui ne sont responsables que devant lui. Il détient l'initiative des lois, au même titre que l'Assemblée, et légifère par ordonnance pendant les intersessions parlementaires. Il dispose du pouvoir réglementaire dont relève l'application des lois.

Le samedi 11 décembre 1976, Mohamed Benhamed dit Abdelghani, ministre de l'Intérieur, proclame les résultats de l'élection présidentielle. Le président Boumediene, candidat unique présenté par le FLN, obtient officiellement 99,38 % des suffrages exprimés. Le vendredi 25 février 1977, l'Assemblée populaire nationale (APN) est élue. Elle choisit comme président Rabah Bitat, le dernier des « chefs historiques » de la Révolution algérienne encore au pouvoir.

La Constitution confère à l'APN le pouvoir législatif, qu'elle partage avec le président de la République, puisque celui-ci peut légiférer par ordonnance entre les sessions. L'article 151 précise, en vingt-six points, les principaux domaines dans lesquels l'Assemblée exerce ses activités. Il lui revient en particulier de définir les principes de la politique économique, sociale et culturelle, de voter les impôts et le budget, d'adopter le plan et de fixer les lignes directrices de la politique d'aménagement du territoire, de l'environnement et de la qualité de la vie.

Les candidats aux élections pour l'Assemblée populaire nationale, des assemblées des communes et celles des départements (wilayas) sont sélectionnés par le parti unique et le pouvoir politico-administratif. Ces élus sont, en fait, davantage des fonctionnaires et des partisans du régime que de véritables représentants du peuple qui auraient pu critiquer la suprématie de la Présidence et de l'appareil gouvernemental. Dans l'esprit des dirigeants, l'institutionnalisation du régime vise à susciter la formation d'élites intermédiaires qui représentent l'État auprès de la population et non l'inverse. L'objectif n'est donc nullement d'assurer les bases d'un État de droit, ni d'introduire le pluralisme et l'alternance politique, mais d'« intégrer » la société au système édifié par le régime le 19 juin 1965 [74, 75].

# IV / Choix économiques
## et politique étrangère (1965-1978)

Le véritable tournant de la politique économique algérienne se situe en 1971. Cette année-là, Boumediene nationalise les richesses naturelles, en particulier les hydrocarbures (pétrole et gaz). Le régime militaro-autoritaire, né d'un coup d'État, tente d'obtenir sa légitimation politique par une redistribution de la « manne pétrolière ». Il espère aussi, par les énormes revenus générés par les hydrocarbures, mettre en œuvre un nouveau modèle de développement.

## 1. Le « développementalisme » algérien

Le chef de l'État, entouré d'une petite équipe volontariste, croit qu'il est possible de passer rapidement, à marche forcée, du sous-développement au stade industriel. L'industrialisation, proclamée « priorité des priorités », est censée être la « locomotive » qui entraînera l'agriculture.

Au début des années soixante-dix, la théorie des « industries industrialisantes », inspirée essentiellement par les économistes français François Perroux et surtout Gérard Destanne de Bernis (professeur à l'université de Grenoble), devient la référence majeure de la stratégie algérienne de développement. François Perroux définit l'industrialisation comme un « processus cumulatif structurant l'ensemble social par l'emploi intensif de systèmes de machines et permettant l'augmentation à un coût décroissant des objets bénéfiques au groupe humain ». À la suite de Perroux, de Bernis analyse l'industrialisation comme « phénomène total, complexe où sont étroitement imbriqués les techniques, l'économie, le social (restructurations sociales, plasticité des structures sociales et socio-économiques), le politique (les structures politiques sont profondément transformées par l'industrialisation) et le psychosocial (les comportements). Les liaisons entre phénomènes étant toujours à double sens, chacun étant à la fois la condition de la réalisation des autres et le résultat de la réalisation des autres » [106].

Gérard Destanne de Bernis décrit le système socio-économique légué aux pays dépendants au moment de la colonisation par son extraversion et sa désarticulation interne. Dès lors, la démarche de développement à mettre en œuvre après l'indépendance vise à réaliser l'intégration et le recentrage du système productif national. Pour créer une dynamique interne de développement, une certaine primauté doit être reconnue à l'industrialisation. Selon ce modèle, une stratégie efficace doit accorder un rôle privilégié à des « firmes motrices », à des types d'investissements industriels qui exercent des « effets d'entraînement » sur tout l'environnement économique et social. Ces industries de base, dites industrialisantes, devaient renforcer l'intégration de l'économie nationale par les effets qu'elles exercent en amont (effets d'approvisionnement) et en aval (effets de débouchés). En outre, elles devaient élever la productivité et permettre aux cadres et aux travailleurs de faire l'apprentissage d'un milieu industriel moderne et technologiquement avancé. Et, surtout, ce devaient être des industries productrices de biens d'équipement et, tout particulièrement parmi celles-ci, les industries productrices de machines-outils [19, 20].

À la charnière des années soixante/soixante-dix, d'autres auteurs ont influencé les dirigeants algériens dans la mise en place de la stratégie et du modèle de développement. On peut citer André Gunder Frank, Charles Bettelheim, Immanuel Wallerstein, Emmanuel Arghiri, F. H. Cardoso, Celso Furtado, Samir Amin… Pour ces auteurs, seul l'État peut mener à bien ce modèle, où l'industrie joue un rôle moteur, dans un cadre national.

L'idée que l'édification accélérée d'une industrie lourde est une base nécessaire au développement est partagée par nombre d'observateurs et d'analystes. La « voie algérienne », que symbolise ce choix économique, est d'abord perçue comme un choix nationaliste désireux de « préparer l'avenir du pays ». Pour le régime de Boumediene, le développement (obtenu rapidement et par les moyens générés par la rente pétrolière) est avant tout moyen d'affirmation (et de légitimation) de l'État et de la nation. La puissance de l'appareil productif est censée consolider l'indépendance politique de l'État et accroître la capacité de « parvenir au socialisme ».

## 2. La stratégie des hydrocarbures

Les accords d'Évian reconnaissaient la souveraineté de l'Algérie sur le Sahara et ses richesses naturelles. Une brèche s'ouvre dans les intérêts français le 31 décembre 1963 par la création de la Société nationale pour la recherche, le transport, la transformation et la commercialisation des hydrocarbures (Sonatrach). L'État algérien ne détient pourtant, alors, que 4,5 % des périmètres d'exploration quand les intérêts français atteignent 67,5 % [23]. Après la guerre israélo-arabe de juin 1967, l'Algérie décide de nationaliser les activités de raffinage-distribution de Mobil et Esso et la Sonatrach signe un accord, le 19 octobre 1968, avec Getty Oil. La compagnie américaine restitue à la compagnie algérienne 51 % de ses intérêts en Algérie. Les revendications à l'encontre des compagnies françaises se font plus pressantes.

Le 24 février 1971, le président Boumediene amorce la « décolonisation pétrolifère ». Au vieux régime de concessions est substituée une prise de contrôle à 51 % des sociétés pétrolières françaises. Les oléoducs et le gaz sont nationalisés. Seul Total acceptera de continuer ses activités, les autres compagnies pétrolières quittant l'Algérie. La France boycotte le pétrole algérien tandis que le dinar se dégage de la zone franc.

Le processus de nationalisation des intérêts pétroliers étrangers indique une radicalisation des choix stratégiques du pouvoir au plan politique. Il a pour effet l'accroissement des ressources que l'État espère mobiliser en faveur du renforcement de son contrôle sur les principaux moyens de production et d'échange.

REVENUS DES HYDROCARBURES POUR L'ÉTAT
(en millions de dinars courants)

| 1967 | 1969 | 1971 | 1972 |
|------|------|------|------|
| 880 | 1 320 | 1 659 | 3 200 |

D'après Raffinot et Jacquemont [62].

Fin 1973, le premier choc pétrolier multiplie par trois les recettes des hydrocarbures. La stratégie algérienne de développement accorde un rôle majeur à ceux-ci en tant que source principale de financement de l'industrialisation. Elle privilégie la transformation sur place des ressources minières et pétrolières. Ce caractère « industrialisant » des hydrocarbures doit donc contribuer à la réalisation d'un système productif cohérent.

Au fil des années, la moitié des investissements industriels vont à l'augmentation des capacités de production d'hydrocarbures, nécessaires pour acheter à l'étranger les importants équipements requis dans la stratégie adoptée [117].

Une part importante des ressources pétrolières sert donc à forger les moyens de produire plus... de pétrole et de gaz. En 1982, le pétrole algérien – environ 50 millions de tonnes par an depuis 1972 – ne dépasse pas 2 % de la production mondiale. Le volume d'extraction se stabilise en 1982 aux environs de 40 millions de tonnes, de manière à économiser cette ressource stratégique non renouvelable. Les réserves, en 1982, sont estimées à 1,2 milliard de tonnes, soit environ vingt ans (à partir de 1992) d'extraction à ce rythme. Avec 3 000 milliards de mètres cubes de réserves, l'Algérie détient 4 % des réserves mondiales. La production en 1992 se situe entre 14 et 16 milliards de mètres cubes par an.

## 3. Le système productif et ses résultats

Après les années 1962-1965, phase de nationalisation du secteur agricole « moderne » européen et de la création du dinar algérien en 1964 (le dinar, longtemps à parité avec le franc, valait

1,20 franc environ de 1973 à 1980), la deuxième étape est celle de l'« industrialisation » de 1969 à 1978.

Elle se caractérise, d'abord, par une vague de nationalisations permettant à l'État de contrôler les instruments du pouvoir économique. Le 8 mai 1966, les entreprises minières passent sous contrôle public. Puis, le 31 mai, l'État institue un monopole sur les opérations d'assurance. Le réseau de distribution d'Esso et de Mobil est nationalisé en août 1967. En mai-juin 1968 est opérée une importante vague de nationalisations. Le 13 mai 1968 intervient celle de la distribution du marché algérien des produits pétroliers (quatorze compagnies étrangères de distribution) ; le 20 mai, vingt-deux sociétés sont nationalisées dans les secteurs des matériaux de construction, les engrais, la métallurgie (dont Rhône-Poulenc) ; en juin, c'est le tour d'une cinquantaine de sociétés de cimenterie, peinture, huileries, métallurgie (dont Ripolin, Lafarge, Lesueur). En août 1968, une série d'opérations donne à la Sonatrach (trust public des hydrocarbures) le monopole de la commercialisation des produits pétroliers et le contrôle de l'ensemble du secteur pétrochimique.

La vague culmine le 24 février 1971 avec la nationalisation de tous les gisements de gaz naturel, de pétrole brut, de tous les oléoducs et gazoducs, et le contrôle à 51 % des sociétés pétrolières françaises Elf (Erap à l'époque) et CFP (Compagnie française des pétroles). Le 15 novembre 1974 est annoncée la fin du processus de nationalisation. Objectif assigné : construire dans les délais les plus courts une économie indépendante et intégrée. Comme cela avait été le cas en URSS, de très forts taux d'investissement sont recherchés avec une priorité aux industries de base (sidérurgie, chimie) et un recours aux technologies les plus récentes. Le développement des industries lourdes est censé entraîner l'économie dans son ensemble. Les industries de consommation devaient être développées dans une seconde phase, pour répondre à l'augmentation de la demande générée par les nouveaux revenus tirés de l'accroissement de la production.

La priorité est donc donnée aux industries de base, et à l'industrie au détriment de l'agriculture. L'industrialisation de l'agriculture (mécanisation, intensification par l'utilisation de produits chimiques) est posée comme condition de son essor (créations d'emplois, produits pour la consommation, réalisation de l'indépendance alimentaire du pays).

Jusqu'en 1966, le secteur bancaire était resté dominé par les banques étrangères (surtout françaises). Entre 1966 et 1967, trois grandes banques vont se constituer suite à des établissements anciens : la Banque nationale d'Algérie (BNA), le 1er juillet 1966 ; le Crédit populaire d'Algérie (CPA), le 19 décembre 1966 ; la Banque extérieure d'Algérie, le 12 septembre 1967. Et, dès le premier plan de développement (plan triennal 1967-1969), s'opère la nationalisation complète du secteur bancaire. Le premier plan quadriennal (1970-1973) est l'occasion d'une planification financière (BAD, Conseil de crédit) pour le financement des investissements.

Les objectifs du système productif algérien, ainsi mis en place, vont-ils être atteints ?

Tout d'abord, qu'en est-il de la planification ? Le secrétariat d'État au Plan (SEP), censé assurer la cohérence d'ensemble de ce dispositif, se contente en fait de rassembler les projets des grandes sociétés nationales et de leurs ministères de tutelle. C'est là que se situe le véritable pouvoir de décision en matière d'équipement.

Malgré les énormes investissements consentis, la croissance reste trop lente. Alors que les investissements représentent 21 % de la production intérieure brute (PIB) en 1963, 42 % en 1973, pour atteindre 50 % en 1977 (soit des taux parmi les plus élevés du monde), la PIB augmente en moyenne de 6,4 % par an sur la période 1971-1980.

La production intérieure brute atteint 36,6 milliards de dollars en 1981, soit 1 917 dollars par habitant, ce qui la situe loin derrière la Libye (8 640), mais largement devant la Tunisie (1 242) et le Maroc (722).

La production d'acier brut passe de 400 000 à 1,2 million de tonnes entre 1977 et 1982. La fabrication de tracteurs, qui a démarré en 1974, est de 4 900 unités en 1979. La production d'électricité passe de 4 000 GWh en 1977 à 6 000 GWh en 1980, et celle des industries manufacturières croît de 9,9 % par an de 1970 à 1979, mais avec beaucoup d'irrégularités.

La surconcentration des moyens de financement dans le secteur des hydrocarbures (environ 30 % du total des investissements

## Le témoignage d'un jeune responsable
## à la direction du Plan

« À la fin de mes études en 1965, je rentre en Algérie ; je me rends bien compte que la distance favorise l'analyse et protège des compromissions. Dès 1965, j'occupe un emploi à la direction générale du Plan, rattachée à la Présidence puis au ministère des Finances et du Plan. Je découvre très vite que les innombrables problèmes sociaux consécutifs à la guerre – déracinement des populations, dégradation des circuits économiques, faible qualité de l'enseignement – sont absents des préoccupations des nouveaux dirigeants. Il appartient aux cadres exclus de la gestion politique officielle, sans capacité de choix, de faire face, seuls, aux problèmes de société. On veillera uniquement en contrepartie à leur assurer des salaires et les ressources minimales pour garantir la paix sociale. La gestion stratégique – dont ces cadres sont écartés – se développe en vase clos, empruntant aux schémas tout faits, et vise en priorité le contrôle du champ politique. L'ascension de l'idéologie d'État devient irrésistible. L'histoire, la culture politique antérieure autant que les réalités sociales sont niées par le credo officiel. En l'espace de deux années, dès 1967, il n'y aura plus moyen de corriger le tir. L'unanimisme s'impose par la contrainte et toute action doit concourir à alimenter les rouages de l'autoritarisme. »

(Ghazi Hidouci, *Algérie, la libération inachevée*, Paris, La Découverte, 1995, p. 31.)

de 1967 à 1977) aggrave la situation du secteur des biens de production qui a recours au transfert des technologies occidentales et au crédit international. Les objectifs d'indépendance économique apparaissent vite hors d'atteinte.

Les investissements massifs consacrés à l'industrie (64,1 % du total des investissements de 1974 à 1977), le poids politique du contrôle de l'État empêchent la réalisation des articulations essentielles : entre secteurs public et privé, entre appareil productif et système de distribution, entre agriculture et industrie.

D'où les difficultés accumulées pour la réalisation des projets industriels.

La mise en place des unités de production industrielles se fait surtout par la procédure du « clés en main », censée accélérer le développement. Mais les difficultés à maîtriser et à gérer des technologies sophistiquées ont été largement sous-estimées. La montée en production des nouvelles usines est souvent très longue. Le volume de production reste aléatoire après le démarrage. Les projets, fondés sur des perspectives de croissance très rapide, sont souvent surdimensionnés et les unités de production fonctionnent souvent à 30 % ou 40 % de leur capacité. Les économies d'échelle espérées se transforment en surcoûts. L'insuffisance des infrastructures de stockage et l'indigence du système de commercialisation accroissent les déséquilibres régionaux en faveur des pôles industriels. L'appel systématique aux firmes étrangères se traduit par un fort endettement : de 2,7 milliards en 1972, la dette extérieure de l'Algérie passe à 23,4 milliards en 1979 (soit, respectivement, un service de la dette égal à 12 %, puis à 25,6 % des exportations) [46, 117].

Enfin, l'agriculture connaît un vieillissement accéléré de sa population active et sa faible productivité se montre incapable de faire face aux besoins alimentaires.

## 4. La question agraire

La « révolution agraire » engagée par une ordonnance du 8 novembre 1971, appliquée de 1972 à 1975 sur 1 141 000 hectares (structures agraires non coloniales), est fondée sur le système des coopératives : 5 261 coopératives de différents types sont constituées, de 217 hectares en moyenne, intéressant 90 000 paysans contre 170 000 dans le « secteur autogéré » (fermes d'État). 10 % seulement des propriétés privées sont étatisées. La « révolution agraire » ne suscite pas un grand enthousiasme ; d'ailleurs, une proportion significative des attributaires se désistera. La population paysanne, estimée à 7 millions en 1973, ne se sent pas impliquée par cette transformation autoritaire de l'agriculture, qui reste subordonnée aux impératifs de l'État [31].

Après l'expérience de l'autogestion prise à l'initiative d'ouvriers, de paysans pauvres et de quelques militants [71], dans les années 1962-1967, le secteur agricole est censé fournir une partie de ses débouchés à l'industrie. Les objectifs assignés à l'agriculture sont divers : amélioration de l'équilibre revenus-productions pour assurer un revenu décent aux paysans les plus pauvres, diversification et intensification de la production

## Houari Boumediene et la révolution agraire

« Nous n'avons d'autre voie que la création de ce que j'appellerais la société rurale révolutionnaire avec laquelle nous encerclerons les excroissances et la bureaucratie qui constituent un danger menaçant et grandissant pour la révolution. Les villes dans nos pays arabes et dans le Tiers-Monde, subissent une terrible influence de l'Europe occidentale, sous tous les aspects : les mœurs, les comportements, la consommation, le mépris pour le travail manuel, etc.

« Ceci est très important dans une société comme la nôtre dont une partie s'est développée dans les villes où le colonialisme a laissé un impact chez les citadins et qui s'est maintenu même après la défaite de ce dernier. Dans les campagnes par contre, la société algérienne a conservé son authenticité nationale. De ce fait, la campagne algérienne a offert un terrain propice au déclenchement de la Révolution armée qui a duré sept ans et demi. Pour cette raison, si l'on veut que la Révolution poursuive sa marche dans la voie socialiste, il n'y aura aucun autre choix devant nous que celui du retour à la source d'une manière scientifique. Au fond, l'avenir de la Révolution algérienne dépendra, au cours de cette nouvelle phase, du succès de la Révolution agraire. »

(Interview accordée à un journaliste égyptien, *El Moudjahid*, 29 octobre 1974.)

agricole pour répondre aux besoins alimentaires du pays, consolidation et amélioration de la position de l'Algérie sur le marché international pour l'exportation des produits agricoles [14].

Pourtant, malgré des références formelles reconnaissant l'importance du secteur agraire, celui-ci est sacrifié, l'industrialisation faisant l'objet des seules priorités.

Selon l'économiste Abdellatif Benachenhou, le rapport global entre l'investissement réalisé et celui normalement nécessaire au simple renouvellement de l'appareil de production dans le secteur autogéré, pendant la phase 1966-1974, est de 38 %. De façon générale, la contribution de l'agriculture à la PIB, très faible, ne cesse de régresser : 31 % en 1963, 18 % en 1965 et 13 % en 1970. Elle ne reçoit que 12 % des investissements pour la période 1970-1973, et 7,4 % dans la période 1974-1977, ce qui ne permet pas toujours le renouvellement matériel des moyens de production existants. La réforme agraire manque de cohérence. Pour le politologue Bruno Étienne, ce qui conduit le processus, c'est

« une certaine soumission du monde paysan et rural à la logique de l'industrialisation de l'économie et plus généralement l'imposition, par un pouvoir dominé par des catégories urbaines, d'une conception urbano-industrielle du développement » (*Les Problèmes agraires au Maghreb*, CRESM/CNRS, Aix-en-Provence/Paris, 1977).

En effet, l'échange ville-campagne, de plus en plus inégal, sert au financement de l'accumulation industrielle. Pendant plus de dix ans, prix et « salaires » restent bloqués dans le secteur agraire de manière à approvisionner les villes au coût le plus bas possible. Des usines sont implantées sur plus de 150 000 hectares de bonnes terres agricoles et drainent la main-d'œuvre la plus jeune et la plus qualifiée. La dévaluation radicale du travail agricole entraîne un exode rural croissant de l'ordre de 100 000 personnes par an.

La production agricole ne progresse que faiblement. La récolte de céréales se situe en moyenne à 19,8 millions de quintaux pour la période 1979-1981, contre 19,3 pour la période 1970-1973 (23 millions pour la période 1954-1957) [17].

Le niveau d'autosuffisance alimentaire, qui se situait à plus de 70 % en 1969, n'est plus que de 30 % en 1980. La moitié des céréales consommées est importée, ainsi que 80 % de l'huile, les deux tiers des légumes secs et la quasi-totalité du sucre. En 1984, l'Algérie importe 60 % de sa consommation alimentaire (le quart de la valeur des importations totales du pays). Ce taux est en progression constante.

## 5. La progression de l'émigration

Le 8 août 1966, le chef de l'État algérien, à l'occasion d'un « premier séminaire sur l'émigration », cite les réalisations industrielles d'Annaba et d'Arzew, capables selon lui, à terme, de dégager des postes de travail pour « les émigrés candidats au retour ».

Mais les discours de propagande sur « le retour » dissimulent mal la pression migratoire qui continue d'exister en direction de la France. L'accord franco-algérien du 27 décembre 1968 limite la liberté de circulation prévue par les accords d'Évian. Le contrôle aux frontières se veut plus sévère, plus sélectif que dans le passé.

Le 12 janvier 1973, à l'ouverture d'une « conférence sur l'émigration », Boumediene dénonce en termes sévères « les insultes, les provocations, les assassinats et autres mesures discriminatoires » dont sont victimes, dans cette période, les Algériens en France, à la suite, selon lui, des décisions du gouvernement algérien de nationaliser les ressources pétrolières. Le ressortissant algérien résidant en France doit être fier de son « authenticité arabo-islamique » qui, ajoute Boumediene, « le protège de toute volonté d'intégration dans la société d'accueil ».

POPULATION ALGÉRIENNE EN FRANCE

| 1968 | 1975 | 1982 | 1988 |
|---------|---------|---------|---------|
| 471 020 | 710 690 | 795 920 | 820 900 |

D'après *L'État du Maghreb*, Éditions La Découverte, 1991.

En fait, dans les années soixante-dix, la mobilité des populations continue de s'accroître. La crise agricole, la pression démographique, l'accélération de l'urbanisation provoquent encore d'importants déplacements. Si la migration s'effectue surtout entre les villes algériennes et à l'intérieur d'un même espace rural, il n'en demeure pas moins que la présence algérienne en France ne cessera de croître.

Une population d'origine algérienne s'enracine en France, durablement, sans projet de retour. Elle conservera avec sa société d'origine des liens solides au plan économique, comme au plan socioculturel.

## 6. Le grand dessein tiers-mondiste

C'est sur la scène régionale et internationale que Boumediene obtient ses plus importants succès. Les intellectuels du tiers monde, mais aussi européens, se pressent pour admirer le « miracle algérien ». Le quatrième sommet des pays non alignés se tient à Alger du 5 au 9 septembre 1973. L'image de l'Algérie est alors celle d'un État révolutionnaire soutenant les mouvements de libération politique et économique.

Les principes posés dès l'origine par la « charte de la Soummam » de 1956 et le « programme de Tripoli » de 1962, réaffirmés sans cesse dans diverses réunions internationales, ont pour objectif de provoquer, faire jouer les diverses solidarités entre États du tiers monde. Cette recherche de solidarité se fonde sur une approche surtout économique des relations internationales. Pour le juriste Jean-Robert Henry, la vision politique de l'Algérie est « fondamentalement économiste, adaptée aux moyens du pays – qui ne lui permettaient pas un surarmement – et aux enjeux qui se sont successivement présentés à lui : sortir du système néocolonial, promouvoir le développement, trouver une place dans l'ordre économique mondial (*Le Monde*, 3 juillet 1982). Dans cet esprit, le début de la Charte nationale de 1976 indique que « la politique extérieure doit refléter la politique intérieure ».

Forte de l'aura que lui a conférée aux yeux de nombreux peuples du tiers monde sa guerre de libération, et appuyée sur une équipe de « diplomates-militants » – qui fait dire de l'Algérie qu'elle a une « diplomatie de maquisards » [11] – sous la conduite de Houari Boumediene et Abdelaziz Bouteflika (ministre des Affaires étrangères), l'Algérie a cherché à élargir son rôle international.

Après l'annulation, consécutive au putsch de Boumediene, de la conférence d'Alger prévue pour l'été 1965, la relance diplomatique s'était opérée par l'adoption de la Charte dite « des 77 » en octobre 1967. Le groupe dit « des 77 », qui réunit les pays en développement dans le cadre de la CNUCED (Conférence des Nations unies pour le commerce et le développement), insiste sur les efforts internes que doivent accomplir les pays en développement. Puis l'Algérie s'emploie à aplanir ses différends avec ses voisins maghrébins. La signature, le 15 janvier 1969, d'un traité de « fraternité, de bon voisinage et de coopération » avec le Maroc (traité d'Ifrane), intègre la reconnaissance de la Mauritanie. Un accord identique est signé avec la Tunisie en janvier 1970. Dans le même temps se pose l'épineux problème des rapports avec l'ancienne métropole coloniale. La France démonte la base atomique de Reggane dans le Sahara en 1966, évacue la base militaire de Bizerte le 1er janvier 1968, et celle de Bou-Sfer le 28 décembre 1970. La crise entre Alger et Paris atteint des proportions importantes au moment de la nationalisation des hydrocarbures en 1971. C'est par l'expérience conflictuelle avec le partenaire français que l'Algérie s'efforce alors d'engager les pays du tiers monde dans une action d'ensemble pour réformer l'ordre économique mondial. L'accent est mis sur l'enjeu des matières premières – dont les hydrocarbures –, l'indépendance économique nationale et la nécessité d'un nouvel ordre économique mondial [58].

Après la conférence d'Alger de septembre 1973 où est établi un « cahier de doléances », l'Algérie teste l'« arme du pétrole » à la suite de la guerre israélo-arabe d'octobre 1973. Boumediene s'efforce de maintenir la difficile cohésion de l'OPEP (Organisation des pays exportateurs de pétrole), et d'empêcher ses représentants les plus riches de rejoindre le camp des « nantis » et de se couper ainsi du tiers monde. En avril 1974, le président algérien défend le nouvel ordre économique international devant l'Assemblée générale de l'ONU, convoquée sur sa demande, au nom des non-alignés. En mars 1975, l'Algérie prend l'initiative de réunir le premier « sommet » de l'OPEP.

Mais le grand dessein algérien tiers-mondiste va se heurter à l'hostilité de certains pays occidentaux, s'enliser dans les discussions internes au tiers monde, être malmené par le conflit du Sahara occidental, subir les conséquences des nouveaux rapports de force internationaux consécutifs à la crise de 1973 née de ce qu'on a appelé le « premier choc pétrolier ».

## 7. Le conflit du Sahara occidental

Après la « guerre des sables » de 1963 (voir chapitre II) et le traité d'Ifrane de 1969, l'Algérie se réconcilie avec le Maroc et la Mauritanie. Dans ses rencontres avec Boumediene et Mokhtar Ould Daddah qui dirige la Mauritanie, le roi du Maroc Hassan II souscrit au principe de l'autodétermination du Sahara espagnol. Pour lui, il ne fait aucun doute que la consultation des populations concernées ne sera qu'une formalité destinée à consacrer leur attachement au Maroc. La population du Sahara occidental sous domination espagnole est formée d'une vingtaine de tribus qui se rattachent à quatre grands groupes : les Reguibat, les Tekna, les Maquils et les Ouled Delim. Le recensement effectué par les Espagnols en 1974 évalue cette population à 70 000 ou 80 000 personnes. Ce chiffre ne tient pas compte des Sahraouis qui se sont réfugiés dans les pays limitrophes et ceux qui nomadisent. Le Front Polisario (Front populaire de libération de la Seguiet el-Hamra et du Rio de Oro), créé le 10 mai 1973, estime que le chiffre oscille entre 250 000 et 300 000.

Sur ce territoire, l'Espagne exploite à partir de 1963 les gisements de phosphates (découverts en 1947) de Seguiet el Hamra. Longs de 75 kilomètres sur 1 à 15 kilomètres de large, ils s'étendent sur 250 kilomètres carrés. Les réserves sont évaluées à 10 milliards de tonnes. Ailleurs, le sous-sol recèle également du fer, du cuivre, de l'uranium et du gaz. Au large de la côte se trouve un des plus riches « réservoirs » de poissons du monde.

En 1973, le Maroc, qui entend accroître sa puissance économique en phosphates par la récupération du Sahara occidental, se montre inquiet. L'Espagne veut organiser une indépendance du territoire qui préserve ses intérêts dans la région. Et, surtout, le Front Polisario, dirigé par une poignée de jeunes militants rassemblés autour d'un universitaire de 25 ans, El Ouali Mustapha Sayed (qui trouvera la mort en juin 1976), lance le 20 mai 1973 la première opération militaire contre les Espagnols. De son côté, l'Algérie opte pour un Sahara occidental indépendant, non aligné, républicain. Le 20 août 1974, Hassan II annonce qu'il s'oppose à tout référendum pouvant aboutir à l'indépendance du territoire contesté. Fin octobre, il intéresse le président mauritanien à un éventuel partage du Sahara occidental et conclut avec lui un accord secret. En avril-mai 1975, une mission d'enquête de l'ONU, qui s'est rendue sur le terrain, recommande l'application du principe d'autodétermination. Le 16 octobre, la Cour internationale de La Haye, saisie par Hassan II, recommande également l'autodétermination. Le roi du Maroc tente alors le tout pour le tout. Il rallie autour de lui l'opposition marocaine (à l'exception de certains groupes d'extrême gauche, notamment l'organisation marxiste-léniniste Ilal Amam) et décide l'organisation d'une « marche verte ». Entamée le 5 novembre, elle rassemble 350 000 manifestants qui marchent en direction du Sahara.

## Boumediene, l'Algérie et le Sahara occidental

« En cette fin 1975, le président algérien, amaigri, mais l'air plus en forme que jamais, ne mâche pas ses mots à ses interlocuteurs étrangers (ministres, diplomates, journalistes) venus aux nouvelles : "Bien sûr nous avons reçu un choc mais ce fut salutaire. Peut-être avons nous été trop confiants, presque naïfs. Nous voulions la paix sur nos frontières afin de pouvoir tranquillement développer notre pays. Nous nous sommes trompés." […] Pourquoi cet aveu en forme d'autocritique, chez un homme, un régime qui, en dix ans, ont remporté tant de paris ? Le choc est venu du Sud, de quelques arpents de sable au fin fond du Sahara occidental qu'on appelle "espagnol", un morceau de désert parcouru par quelque soixante mille nomades, et où veillent des milliers de légionnaires du *Tercio*. En moins de deux mois, les certitudes de Boumediene sur ses voisins du Maghreb, ses frères arabes et africains, ses amis du Tiers Monde, ses partenaires de Méditerranée ont été bouleversées. On l'a insulté, abandonné, trahi. Curieux retournement opéré en un éclair au Maghreb. […] L'Algérie, qui soutenait le droit à l'autodétermination du peuple sahraoui se retrouve seule. »

(Ania Francos, *Un Algérien nommé Boumediene*, Paris, Stock, 1976, p. 319 et 320.)

Le pouvoir espagnol est impressionné. Le 14 novembre 1975, l'accord de Madrid consacre le partage du Sahara occidental entre Rabat et Nouakchott.

L'Algérie, d'abord isolée, déploie une intense activité diplomatique. Le 27 février 1976, la majorité des membres de l'Organisation de l'unité africaine (OUA) sont prêts à reconnaître le Front Polisario comme « mouvement de libération ». Celui-ci proclame, immédiatement, une République arabe sahraouie démocratique (RASD) qui place à sa tête Mohamed Abdelaziz, alors âgé de 31 ans. L'organe suprême de la RASD est le Comité exécutif, ou Conseil de commandement de la révolution, composé de neuf membres. Il assure contrôler 60 % du territoire, annonce qu'il dispose de 10 000 soldats, dont 3 000 en permanence au front. Le Front Polisario est soutenu militairement par l'Algérie et financièrement par la Libye [13]. On a souvent dit, à cette époque, qu'une guerre directe pouvait se déclencher entre l'Algérie et le Maroc. La tension a finalement été gérée habilement des deux côtés.

Le 1ᵉʳ mai 1977, le Front Polisario, qui a concentré l'essentiel de son effort militaire face à la Mauritanie, obtient un fort écho médiatique en tuant deux Français et en enlevant six autres à Zerouate. Le 25 novembre, une force militaire française intervient. La tension est extrême. Le Maroc envoie sur le terrain un corps expéditionnaire de 12 000 hommes. Les hommes du Polisario s'attaquent aux centres miniers qui assurent les exportations de fer, principale source de revenus de la Mauritanie.

Le 10 juillet 1978, le lieutenant-colonel Mustapha Ould Salek renverse Mokhtar Ould Daddah, chef de l'État mauritanien, et se propose de sortir le pays de la guerre. Le 12 juillet, le Front Polisario décrète un cessez-le-feu vis-à-vis de la Mauritanie. Il concentre ses attaques contre le royaume chérifien qui sera conduit à édifier un très long « mur » de protection. Au Maroc, le poids des dépenses militaires contribue à détériorer la situation économique et sociale.

À la mort du président Boumediene, en décembre 1978, le conflit du Sahara occidental n'est pas réglé. Il continuera, longtemps, d'envenimer les rapports entre l'Algérie et le Maroc, Rabat accusant Alger de visées hégémoniques au Maghreb [9].

# V / Société et culture en Algérie (1962-1982)

Au moment de son indépendance en 1962, l'Algérie manque à la fois de moyens financiers et de cadres. Pour réussir le pari de l'autonomie économique, il faut disposer d'hommes et de femmes compétents. En vingt années seulement, le paysage culturel et social se modifie profondément.

## 1. Les défis de l'enseignement et de la formation

En 1961, les jeunes Français sont scolarisés à 100 %, les enfants algériens à moins de 15 %. Le nombre de musulmans inscrits dans les classes primaires atteint à peine 700 000. Dès 1970, ils sont déjà près de deux millions et, en 1980, plus de quatre millions et demi. La rentrée scolaire de 1982 accueille 250 000 jeunes dans les lycées et 80 000 étudiants dans les universités (2 800 en 1963).

En juillet 1962, 1 700 instituteurs algériens seulement sont présents dans l'enseignement primaire. Mille d'entre eux, dès l'indépendance, vont être appelés à encadrer les nouvelles administrations. Des milliers de « moniteurs » sont recrutés, aidés dans leurs tâches par des coopérants. 11 000 instituteurs français viendront, au fil des ans, apporter leur aide. En 1982, le nombre d'instituteurs, tous algériens, en activité dans l'enseignement a été multiplié par vingt-sept, passant de 700 à 19 000 en vingt ans.

L'école fait partie intégrante des paysages d'Algérie, dans les grandes villes, et des Aurès aux oasis du Grand Sud. Le « spectacle » de groupes d'enfants cheminant cartables au dos ou à la main le long des routes se voit partout [59].

Entre 1970 et 1980, la disparité entre la scolarisation des filles et des garçons tend à diminuer. Les filles représentent environ 40 % des effectifs scolarisés dans le primaire et le secondaire. À l'université, ce taux stagne à 25 % à partir de 1978.

L'évolution du taux de scolarisation des filles est cependant significatif des mutations produites par la « révolution scolaire », notamment dans les rapports entre les sexes. La mixité s'installe sur les bancs de l'école, bouscule le conformisme, les préjugés. Les jeunes Algériennes, qui ont massivement abandonné le *haïk* (voile traditionnel) et portent le pantalon, vont être nombreuses sur le marché du travail qualifié. On les trouve surtout dans l'enseignement, les femmes magistrats, avocates, médecins, étant plus rares. La modernisation, engendrée par l'urbanisation et la scolarisation, ne touche cependant pas tous les secteurs de la société en ce qui concerne les femmes (poursuite de mariages arrangés, poids de la tradition familiale, absence de mixité visible dans l'espace public) [64, 79, 81, 97].

Le projet de l'« école fondamentale » est mis en œuvre à la rentrée 1980. Les élèves scolarisés depuis cette date doivent suivre un cursus de neuf années divisé en trois cycles intégrés de trois ans chacun. Le cycle de base (six-neuf ans) est consacré à l'apprentissage par des méthodes actives des langages fondamentaux (lecture, écriture, calcul). Le cycle d'éveil (dix-douze ans) doit renforcer les premières acquisitions et introduit l'enseignement du français à raison de dix heures par semaine pour vingt-sept heures trente minutes de cours au total. Enfin, le cycle terminal (treize-seize ans) permet l'orientation et porte sur les disciplines scientifiques, les sciences sociales et l'« enseignement polytechnique ». Les contingents formés entre 1970 et 1981 sont de 33 000 professeurs d'enseignement moyen et de 500 inspecteurs. Des structures logistiques sont aussi mises en place, tel l'Institut pédagogique national qui, pour la seule année 1982, a édité 21 millions d'ouvrages.

Au niveau de l'Université, les dispositions suivantes sont prises dans les années soixante-dix : disparition de l'année

## École, le point de vue d'un ministre

« En avril 1977, ayant été nommé ministre de l'Éducation nationale dans le dernier gouvernement de Boumediene, et cela malgré mes refus répétés, je me vis aussitôt en butte aux attaques et sabotages du clan des conservateurs activistes qui, dans la chasse gardée de l'enseignement à ses différents degrés, avaient réalisé depuis 1962 l'union sacrée entre les débris déphasés de certains vieux oulémas dominée par le Baâth. J'avais, en ma double qualité d'ancien professeur titulaire de lycée, depuis 1950, et de conseiller auprès de la présidence du Conseil (de 1971 à fin 1974) à Alger pour les problèmes éducatifs et culturels, une certaine expérience pratique de l'école en général et de la désastreuse situation scolaire en particulier dont étaient victimes les enfants algériens. Comme préalable à mon acceptation du poste ministériel j'avais obtenu du président Boumediene qu'il m'autorise à informer les parents d'élèves et l'opinion publique de l'état gravement carencé de l'école algérienne et de la nécessité d'opérer un sévère bilan à son sujet, choses que les tenants de l'arabisme idéologique et de la légitime arabité culturelle (n'ayant cure de l'exigence qualitative de la langue scolaire) voulaient cacher à tout prix à leurs partisans sectaires et chauffées à blanc. »

(Mostefa Lacheraf, *Des noms et des lieux, mémoires d'une Algérie oubliée*, Alger, Casbah Éditions, 1998, p. 324.)

---

universitaire remplacée par des semestres, cohabitation des facultés traditionnelles avec des instituts, raccourcissement des vacances, instauration de modules et suppression du cloisonnement entre disciplines. Ce système puise son inspiration dans le modèle américain, alors que l'école fondamentale est suggérée plutôt par le modèle en vigueur dans les pays de l'Est. Dans les deux cas, il s'agit de rompre avec la tradition scolaire léguée par la présence française. Les résultats ne sont pas très probants. Plus de 200 000 élèves quittent l'école chaque année entre six et treize ans. Le taux de réussite au baccalauréat évolue aux alentours de 25 % en 1982. Le recours à l'assistance étrangère reste très important. Au début des années quatre-vingt, près du tiers des enseignants sont encore des coopérants français, russes, roumains, syriens et surtout égyptiens pour le primaire. Dans l'enseignement secondaire, la primauté est accordée à l'enseignement général. Pour l'année 1975-1976, les élèves de l'enseignement secondaire se répartissaient ainsi : 93,4 % pour l'enseignement général et 7,6 % pour l'enseignement technique.

Le rendement de l'Université est faible. Un peu plus de 7 000 diplômes seulement sont décernés en 1980-1981. La durée des études est anormalement longue. Le déséquilibre, déjà fortement perceptible dans le secondaire entre études générales et études scientifiques, persiste (près de 40 % d'étudiants dans les filières littéraire, économique, juridique). Si le nombre d'étudiants a considérablement augmenté depuis l'indépendance, leur encadrement et leur formation technique sont inadaptés aux technologies importées. Les formations de cadres aboutissent à donner la primauté aux fonctions de gestion au détriment de la maîtrise des techniques. Le rôle assigné aux cadres exige d'eux le diplôme comme titre irrécusable d'accès à un poste, plutôt que les connaissances indispensables à une future maîtrise technologique.

En outre, l'appareil éducatif algérien, en dépit des immenses efforts de scolarisation, bute sur deux problèmes : la croissance démographique et les questions de définition identitaire pour une progressive algérianisation de l'école.

## 2. Le problème démographique

La révolution sanitaire, par la diffusion massive de produits chimiques de prophylaxie des infections et épidémies, de médicaments efficaces, des campagnes de vaccination, provoque une chute de la mortalité au Maghreb. L'espérance de vie moyenne, qui était à peine de trente ans en 1920, est comprise en 1980 entre 66 ans (Tunisie) et 61 ans (Maroc). Ce déclin de la mortalité ne correspond pas à une baisse de la natalité. À partir des années soixante-dix, l'Algérie a un des taux démographiques les plus forts du Maghreb, et des pays en voie de développement, comme l'indique le tableau page suivante.

En 1974, lors de la Conférence mondiale de la population, l'Algérie se classe parmi les pays antimalthusiens et affirme que « le meilleur contraceptif est le développement ». Enfermée dans l'idéologie tiers-mondiste nataliste, elle frôle un record mondial, avec 8,1 enfants par femme en 1975. Le pays, avec une population résidente estimée au 1<sup>er</sup> juillet 1980 à 18 666 000 personnes et une structure par âge comprenant 46,5 % de moins de quinze ans, met au monde, en 1980, 19 000 nouveau-nés de plus que la France dont la population est trois fois plus nombreuse (819 000 contre 800 000).

ÉVOLUTION DU TAUX DE CROISSANCE (1950-1990)
(en pourcentage annuel moyen)

| | 1950-1955 | 1955-1960 | 1960-1965 | 1965-1970 | 1970-1975 | 1975-1980 | 1980-1985 | 1985-1990 |
|---|---|---|---|---|---|---|---|---|
| Libye | 1,8 | 3,6 | 3,7 | 4,0 | 4,0 | 4,0 | 3,8 | 3,6 |
| Tunisie | 1,8 | 1,8 | 1,9 | 2,0 | 1,8 | 2,6 | 5,1 | 2,3 |
| Algérie | 2,1 | 2,1 | 2,0 | 2,9 | 3,1 | 3,1 | 3,0 | 3,3 |
| Maroc | 2,5 | 2,8 | 2,7 | 2,8 | 2,5 | 2,9 | 3,2 | 3,1 |
| Mauritanie | 2,0 | 2,2 | 2,35 | 2,45 | 2,6 | 2,8 | 2,9 | 3,1 |
| Moyenne PVD* | 2,1 | 2,1 | 2,3 | 2,55 | 2,4 | 2,1 | 2,0 | 1,9 |

\* Pays en développement.

D'après *L'État du Maghreb*, La Découverte, 1991.

Une prise de conscience se traduit en 1983 par l'adoption d'un Programme national en vue de la maîtrise de la croissance démographique qui intervient au moment où, déjà, se produit une baisse de la fécondité : 6,1 enfants par femme en 1984 (l'indice se situant à 4,8 en 1987). Le 20 janvier 1985, le gouvernement lance une nouvelle grande campagne pour la limitation des naissances.

Cette baisse de fécondité est allée de pair avec la scolarisation féminine, et s'affirme davantage avec la plus grande participation des femmes à la vie économique. Mais cette baisse de fécondité ne risque-t-elle pas de subir la pression des mouvements islamistes sachant la conception qu'ils ont de la place de la femme dans la société ?

Si l'Algérie, comme les autres pays du Maghreb, est entrée dans une phase de « transition démographique », moment de fléchissement de la fécondité, les chiffres donnent tout de même le vertige : l'Algérie comptait 26,6 millions d'habitants au 1<sup>er</sup> janvier 1993, contre 8,5 millions à la veille de la guerre

|  | Unité | 1970 | 1980 | 1992 |
|---|---|---|---|---|
| Population | million | 13,7 | 18,7 | 26,3 |
| Densité | hab./km$^2$ | 5,8 | 7,9 | 11,0 |
| Croissance annuelle | % | 3,0[a] | 3,1[b] | 2,7[c] |
| Indice synthétique de fécondité (ISF) |  | 7,4[a] | 6,8[b] | 4,9[d] |
| Mortalité infantile | ‰ | 139,2 | 97,6 | 61[d] |
| Espérance de vie | année | 52,4 | 58,0 | 66[d] |
| Population urbaine | % | 39,5 | 43,4 | 52[e] |

a. 1965-1975 ; b. 1975-1985 ; c. 1985-1991 ; d. 1990-1995 ; e. 1991.

D'après *L'État du monde*, La Découverte, 1994.

d'indépendance. La population a augmenté, selon l'Office national des statistiques algérien, de 640 000 habitants en 1992, soit un taux de natalité de l'ordre de 3 %. Les courbes d'évolution de la population prévoient plus de 50 millions d'habitants pour 2025.

La situation démographique pèse sur la stratégie de développement social au niveau de l'emploi, de l'habitat, de l'instruction, de la santé. La politique démographique est concernée également par l'ampleur migratoire (ainsi pour les années 1975 et suivantes, 170 000 personnes environ quittent définitivement les campagnes). L'urbanisation rapide provoque le développement d'un habitat précaire à la lisière des grandes villes.

## 3. Les questions sociales

L'augmentation considérable de la population urbaine s'effectue dans un contexte de faiblesse des structures sociales et de dégradation des conditions de vie : croissance rapide du taux d'occupation par logement, dégradation des logements ouvriers [18], développement de véritables agglomérations d'habitations précaires autour des grandes villes industrielles (processus de « bidonvillisation »), couverture sanitaire insuffisante des familles (malgré la gratuité des soins instaurée en 1973).

Pour la première fois, dès 1977-1978, la population ouvrière est plus nombreuse que la population occupée dans les campagnes (du moins si l'on se fie aux statistiques officielles de population active, lesquelles tiennent bien peu compte de la main-d'œuvre féminine et enfantine). La décennie soixante-dix connaît, en effet, un développement significatif des emplois ouvriers dans le secteur industriel : la part de l'industrie et des BTP dans l'emploi global passe de 21 % en 1967 à 37 % en 1983 et, si l'on écarte les ouvriers agricoles et les travailleurs des services, le nombre d'ouvriers passe de 240 000 en 1969 à 1 100 000 environ en 1983, soit une croissance dans la population occupée de 13 % en 1967 à 30 % en 1983. La répartition des ouvriers par branche industrielle montre une prédominance, vers la fin des années soixante-dix, des industries des hydrocarbures, de la sidérurgie, de la métallurgie, de la mécanique, alors que, à la fin des années soixante, les industries alimentaires, les textiles, les BTP et les transports employaient la plus grande part de main-d'œuvre. L'industrialisation provoque également un significatif redéploiement spatial des activités dans le pays (essentiellement dans l'Est algérien, Annaba et, à l'ouest, Oran-Arzew). Saïd Chikhi note que « les wilayas côtières qui regroupaient 56 % de l'emploi industriel public en 1970 n'en représentent plus que 29 % en 1982 » [102]. Cette plus grande dispersion des implantations industrielles relativise quelque peu l'image des débuts de l'industrialisation qui avait concerné essentiellement le littoral.

Dans le même temps, d'importantes inégalités apparaissent entre les salariés du secteur public et ceux du secteur privé. De 1967 à 1980, alors que le pouvoir d'achat ouvrier progresse peu, celui des entrepreneurs privés augmente de 56 % [95]. Cette évolution entraîne une multiplication des grèves, y compris dans les entreprises publiques où elles sont théoriquement interdites. Selon les statistiques du ministère du Travail, le nombre de travailleurs « touchés directement par les grèves » représente 9,6 % de l'effectif des entreprises publiques et privées en 1964, 6,9 % en 1972 et 11,3 % en 1977, année de la grande grève des transports à Alger. Officiellement, le nombre de mouvements de grève passe de 521 en 1977, avec 72 940 grévistes, à 768 en 1981, avec 117 254 grévistes. En 1969, les grèves affectant les entreprises publiques représentaient moins de 3 % du total ; en 1977, 36 % ;

en 1980, 45 % ; en 1982, 63 % [118, 119]. Plus que les grèves, le comportement quotidien au travail (rythme relâché, négligence, absentéisme) témoigne de ce que le rapport salarial n'est pas encore « normalisé ». À cela il faut ajouter le fait que l'urbanisation contribue à la rupture des liens traditionnels et l'exode rural empêche l'identification de l'ouvrier à son groupe communautaire d'origine. La généralisation de la scolarisation impose elle aussi d'autres modèles culturels. L'accès aux biens de consommation offre la possibilité de modifier son mode de vie… Tout va très vite dans l'Algérie des années 1975-1980. Cette « désymbolisation » [102] de l'univers traditionnel, cette modernité à marche forcée de toute une société rendent plus aigus les problèmes identitaires que connaît l'Algérie.

## 4. Algérianité, questions linguistiques

La révolution algérienne entendait réarabiser l'Algérie « dépersonnalisée par le colonialisme ». Dès l'indépendance, cette volonté d'arabisation s'affirme progressivement dans l'enseignement. Sous la présidence de Houari Boumediene, les tentatives s'accélèrent et les batailles de l'arabisation prennent un aspect idéologique : il s'agit de tourner définitivement la page coloniale française. Ahmed Taleb-Ibrahimi – fils du *cheikh* Bachir Ibrahimi qui fut président de l'Association des oulémas algériens –, ministre de l'Information et de la Culture, veut démontrer en 1973 que « la France a tué la culture algérienne en la coupant de toute sève vivifiante et en la tenant en dehors du moment de l'histoire. Il s'agit là d'un véritable assassinat » [93]. Abdelmajid Meziane, en 1972, décrit le modèle voulu par la France de déculturation des populations algériennes. Ce plan conduisait « au déracinement généralisé : il n'y avait plus aucun refuge, aucune planche de salut ; la religion elle-même fut colonisée. La tradition orale des poètes errants sauva ce qui pouvait être sauvé (rappel des gloires anciennes, des époques légendaires des héros de l'islam, idéalisation des valeurs traditionnelles) ».

Pour eux et pour d'autres, l'histoire de l'Algérie s'est trouvée meurtrie, violentée par le système colonial, jamais perçue comme porteuse d'une quelconque modernité.

Le travail de longue haleine consiste, pour ceux qui ont été dépossédés de leur culture, non seulement à reconquérir un patrimoine ancestral perdu, mais aussi à rompre radicalement avec la tradition héritée de la présence française. La conception « du passé faisons table rase » s'impose. Elle s'exerce, principalement, dans le domaine de l'arabisation, dans le combat contre la perpétuation de la langue française. Pour Ali Ammar, alors responsable au FLN du « département études et conceptions », « dans l'Algérie de 1974, on parle beaucoup plus souvent et à une plus vaste échelle que par le passé la langue héritée du colonialisme. Presque par instinct, deux personnes qui se rencontrent pour la première fois entreprennent leur dialogue en français. Cela veut dire que l'Algérien de 1974 s'identifie d'autant plus volontiers à la culture dominante (donc à l'idéologie) que par le passé » [91]. Le bilinguisme n'étant considéré que comme « circonstanciel », l'Algérie refuse donc de s'associer au mouvement de la francophonie et lui oppose l'usage de la langue arabe. S'il n'est pas niable que la culture française, contrairement à ce qui s'est passé dans d'autres nations méditerranéennes comme le Liban, l'Égypte ou la Turquie, s'est implantée au Maghreb à la faveur d'une violente colonisation, il n'en est pas moins vrai, particulièrement en Algérie, qu'elle s'est rapidement enracinée dans la réalité locale, devenant même un instrument de lutte contre la domination française. Par ailleurs, l'arabisation est une tâche longue et difficile. L'arabe littéraire classique reste une langue « étrangère » pour la majorité des Algériens. Le bilinguisme, malgré les progrès de l'arabe, demeure un état de fait. Les quotidiens en langue arabe, comme *Ech Chaab (Le Peuple)*, sont moins lus que les organes rédigés en français comme *El Moudjahid* (quotidien) ou *Algérie-Actualité* (hebdomadaire). Cette tendance existe encore au début des années quatre-vingt-dix. En outre, la démocratisation de l'enseignement a, paradoxalement, multiplié le nombre de francophones.

Les problèmes d'identité que connaissent les Algériens sont mis en lumière par l'affrontement, dans les années soixante-dix, entre les partisans de l'arabisation totale, d'un côté, et les tenants des « cultures populaires » arabe, algérienne et berbère, de l'autre. Le choc, en fait, n'est pas seulement linguistique, mais culturel et même politique au sens large du terme. On le verra notamment au moment de l'explosion du « Printemps berbère en 1980 » (voir chapitre suivant).

Dans la pratique, l'arabisation de l'enseignement dans l'école fondamentale et dans certains secteurs de l'enseignement supérieur (sciences sociales notamment) s'achève en 1982. L'arabisation durcit les oppositions entre élites arabophones et élites francophones, que le système éducatif continue pourtant à reproduire (la médecine et la technologie sont toujours enseignées en français).

Au niveau idéologique, la généralisation de la langue arabe classique permet, par le biais des coopérants étrangers, d'augmenter l'influence des courants panarabistes, en particulier le baathisme (tendances du nationalisme arabe nées en Syrie et en Irak), et des courants de l'islamisme politique, très actif, en provenance du Moyen-Orient (notamment l'Égypte avec le mouvement des « Frères musulmans »).

### 5. Étatisation de l'islam, premières oppositions islamistes

À la bataille pour l'arabité se superpose celle de l'islamité. La volonté d'islamisation de la société algérienne, par le haut, est préparée par toute une série de mesures et d'initiatives. Un décret est promulgué le 16 août 1976 pour l'application du repos obligatoire le vendredi (considéré comme le jour sacré en Islam) au lieu du dimanche ; le 12 mars 1976 sont interdits les paris comme la vente des boissons alcoolisées aux musulmans ; un décret est promulgué le 27 février 1979 interdisant aux musulmans l'élevage du porc ; un décret du 9 février 1980 demande au ministère des Affaires religieuses de « veiller à développer la compréhension de l'islam, tout en expliquant et diffusant les principes socialistes du régime ». Des séminaires de la pensée islamique se déroulent chaque année, depuis 1968, en présence des personnalités officielles et des représentants religieux et politiques.

La Constitution et la Charte nationale ainsi que les statuts du FLN définissent la place et le rôle de l'islam dans les institutions. La Charte nationale du 27 juin 1976 dispose que « l'islam est la religion de l'État » (art. 2) et ajoute que le président de la République doit être de « confession musulmane » (art. 107), qu'« il prête serment […], doit respecter et glorifier la religion musulmane » (art. 110) et qu'« aucun projet de révision constitutionnelle ne peut porter atteinte à la religion d'État » (art. 195).

Toutes les écoles privées sont nationalisées, l'école unique est confessionnelle. Le nombre de mosquées passe de 2 200 en 1966 à 5 829 en 1980. Dans les vingt années qui suivent l'indépendance, la religion est utilisée comme instrument pour contenir une possible progression des courants laïques et démocratiques, et surtout comme arme de légitimation du pouvoir.

Dans *L'Islamisme radical* (1987), Bruno Étienne a bien montré en quoi l'islam algérien est un islam moniste (système philosophique selon lequel il n'y a qu'une seule sorte de réalité sur le plan religieux). Cette version s'exprime par le monopole étatique des affaires religieuses et la répression des croyances et pratiques jugées déviantes par rapport à des normes officielles [50]. Toutefois, l'État semble tolérer ce que Henri Sanson appelle, dans *Laïcité islamique en Algérie*, une « pluriconfessionnalité du dedans » : l'islam en Algérie, sunnite de rite malékite, cohabite avec ceux de rite hanafite et ibadite. Par ailleurs, malgré la centralisation du champ politico-religieux, des pratiques populaires, telles celles du culte des saints locaux, subsistent fortement et s'articulent à la pratique de l'islam institué par l'État [87].

Le mouvement islamiste naissant dans les années soixante-dix, cantonné dans la clandestinité et l'exclusion, fonctionne de manière souterraine en développant un langage de refus du monopole de la religion par l'État. Ainsi le *cheikh* Abdellatif Soltani, proche des oulémas traditionnels, publie en 1974 au Maroc une virulente critique du socialisme des dirigeants algériens, et de l'option socialiste de Boumediene, sous le titre *Le mazdaquisme est à l'origine du socialisme*, considérée comme le premier manifeste du mouvement islamiste en Algérie. Il dénonce la dissolution des mœurs et les « principes destructeurs importés de l'étranger ». L'association *Al Qiyam* (« Les valeurs »), constituée en 1964 autour de la personnalité de Hachemi Tidjani, se présente comme l'instrument de restauration des valeurs authentiques de l'islam. Elle appelle à « l'action […] dans le cadre du parti de Dieu par opposition au parti de Satan », préconise une « politique islamique tirée de la Révolution divine », et envisage la formation d'un « État unique, avec un chef unique, fondé sur les principes musulmans » [72]. L'association, dissoute par un décret du 16 mars 1970, ouvrira la voie à d'autres courants de l'islamisme algérien [39]. Ceux-ci se développent en utilisant la querelle linguistique des années soixante-dix. Les étudiants des filières arabisées, frustrés par le manque de débouchés et par l'insuffisance de leur formation, prêteront une oreille attentive aux revendications qui valorisent la culture arabo-musulmane [101].

## 6. La reconstruction du passé et la légitimation du pouvoir

Après le coup d'État de 1965 s'opère la concentration des pouvoirs entre les mains d'un seul homme. « Il faut à la fois articuler entre elles les trois structures – État/Armée/FLN – pour en faire un triangle fonctionnel, et les "nationaliser" pour faire oublier leur "illégitimité originale" », note le sociologue Abdelkader Djeghloul [107].

Une bureaucratie militaire s'empare du pouvoir et encadre de manière autoritaire la société, sous prétexte d'empêcher tout éclatement du cadre national. Mais rien n'est plus dangereux pour ce pouvoir établi par la force que de manquer de « légitimité ». Le FLN deviendra donc ce lieu de légitimation symbolique. Les idéologues du Parti optent délibérément pour une histoire résumée par la formule lapidaire « par le peuple et pour le peuple », qui, en réalité, consiste à éliminer tous les acteurs du mouvement national (avant et pendant la guerre) que les canons du système n'ont pas retenus.

Pour les militaires algériens qui prennent le pouvoir en 1965, il s'agit de refaire l'histoire algérienne en faisant oublier le rôle des maquis de l'intérieur. Il s'agit aussi de faire oublier, par cette histoire-fiction où les militaires jouent un rôle central, certains moments de l'histoire partisane du nationalisme algérien. Parmi d'autres fonctions, la frénésie commémorative qui commence élimine l'intervention des masses paysannes (août 1955), urbaines (décembre 1960), le rôle de l'immigration et donc de la Fédération de France du FLN, et enfin la mise à profit des relations internationales pour gagner la guerre. L'« armée des frontières », dirigée par Houari Boumediene, entre en force dans l'histoire algérienne. Cette « écriture de l'histoire » commence dès juin 1966, lorsqu'il est décidé de mettre en œuvre une mesure de souveraineté en « nationalisant », par l'arabisation, l'enseignement de l'histoire. Les bibliothèques et surtout les librairies sont contrôlées par le biais du monopole exercé sur le commerce extérieur. En 1974, le système se perfectionne par la création du Centre national d'études historiques (CNEH). Un arrêté publié au *Journal officiel*, quelques années plus tard, limite les recherches en histoire qui ne sont pas autorisées par le CNEH. Il est alors courant de lire dans la presse algérienne officielle des articles contre les chercheurs étrangers, accusés d'exploiter l'histoire de « la révolution algérienne à des fins mercantiles ». Encourage-t-on pour autant les chercheurs algériens à se mettre au travail ? Les réponses à cette question oscillent entre deux extrémités. D'un côté, il est répondu qu'il est encore trop tôt pour faire œuvre objective, et se retrouvent écartés les travaux de Mohammed Harbi (*Aux origines du FLN*, Bourgois, en 1975 et *Le FLN, mirage et réalité*, paru en 1980, Jeune Afrique), de Ferhat Abbas (*Autopsie d'une guerre*, Garnier, 1980) ou même du commandant Azzedine (*On nous appelait fellaghas*, Stock, paru en 1976). Cela fait dire au professeur Mahfoud Kaddache, auteur d'une imposante *Histoire du nationalisme algérien* parue en 1980 (SNED) qui aborde les prémices de la guerre, lors d'un « séminaire d'écriture sur l'histoire » à Alger en 1981 : « Quelle que soit l'analyse partisane de ces auteurs, quel que soit le reproche que l'on peut faire à leur méthode d'investigation, il n'en demeure pas moins que leurs œuvres constituent des témoignages importants, qui, objets d'une critique scientifique, permettront d'avancer dans l'écriture de cette histoire. »

D'un autre côté, est encouragée la production de récits d'une geste révolutionnaire projetant l'image mythique d'un univers manichéen où les rôles sont clairement définis entre les héros et les traîtres, les libérateurs et les oppresseurs. Slimane Chikh, auteur de *L'Algérie en armes* paru en 1981 (Economica/OPU), critique cette conception d'« écriture » de l'histoire : « La parole si longtemps contenue donne assez volontiers de la voix en se libérant. L'histoire de la lutte armée emprunte ainsi souvent le ton de l'hymne triomphaliste, qui se veut un juste hommage aux martyrs, hagiographie plutôt qu'histoire. »

Dans la période 1965-1980, paradoxalement, jamais l'histoire de la « révolution algérienne » n'a été tant célébrée, commémorée. Mais de quelle histoire s'agissait-il ? D'une histoire aseptisée, avec pour devise centrale « Un seul héros, le peuple. » Une histoire anonyme, puisque disparaissaient des manuels scolaires, ou des plaques de rue, les noms des principaux acteurs de cette guerre de libération. Les morts, seuls, avaient droit de cité. Effacées les traces des terribles règlements de comptes entre Algériens (qui ont fait des milliers de victimes, parmi les émigrés en particulier) [92]. Occultée l'existence du pluralisme politique, à l'œuvre dans la longue marche du nationalisme algérien avant 1954, avec les radicaux indépendantistes du PPA de Messali Hadj qui s'opposaient aux « réformistes » de Ferhat Abbas ou aux religieux oulémas… L'Histoire (avec un grand H) au présent s'écrit, au contraire, sur le mode de l'uniformité, refusant toute approche plurielle. Il n'est pas étonnant, dans ces conditions, que la jeunesse algérienne se débatte avec les « trous de mémoire » et se retrouve dépolitisée.

Une lourde langue de bois s'installe, en particulier dans les médias officiels. Sur le sujet très particulier de l'écriture historique, on retrouve les termes du débat au début de la présidence de Chadli Bendjedid. Dans le numéro de la revue *Ath Thaquafa* en 1984, Nasreddine Saïdouni plaide « pour une conception nouvelle de notre histoire algérienne ». Il envisage la « réappropriation du passé » en se débarrassant de « toutes les conceptions contraires à l'authenticité de la nation algérienne, et qui font obstacle au développement de la société dans *son creuset islamique et arabe*, et qui ne sont pas conformes aux fondements sur lesquels repose l'État algérien moderne ». Effacer cent trente-deux ans de présence française, revenir à la pureté mythique d'un État arabe et islamique passe par la création d'un « État souverain algérien » qu'auraient détruit les soldats de Charles X en 1830. Cet État aurait ressuscité en 1962. De la sorte, l'historiographie officielle transforme la période coloniale française en insurrection continue, permanente, et fait l'impasse sur la dimension volontariste moderne du nationalisme algérien dans la période des années précédant l'insurrection du 1er novembre 1954 contre la France.

## 7. Édition, littérature, cinéma

La *Société nationale d'édition et de diffusion* (SNED) est créée en 1967. Les importantes subventions de l'État (2,5 milliards de dinars en 1981) couvrent tous les frais autres que ceux entraînés par l'impression et la diffusion, ce qui permet de commercialiser les livres à des prix se situant entre 20 et 30 dinars, en moyenne, par exemplaire (1 DA = 1,20 FF en 1981). Le même effort financier est consenti par l'État pour les livres importés, afin de réduire de 25 % le prix de vente en librairie des ouvrages à caractère scientifique ou technique, qui représentent, avec les livres usuels, les deux tiers des commandes à l'étranger.

En 1973, la création de l'*Office des publications universitaires* (OPU), placé sous la tutelle du ministère de l'Enseignement supérieur et de la Recherche, complète l'activité de la SNED. L'OPU tente de fournir à une Université en plein développement les manuels, cours et ouvrages fondamentaux tout en assurant la publication de certains travaux de recherche.

En 1975, un impressionnant complexe industriel d'impression et d'arts graphiques est édifié à Reghaia, près d'Alger. Entré en service en 1978, il peut produire, en théorie, jusqu'à douze millions de volumes par an.

Malgré la mise en place de cet édifice d'édition et de fabrication, la plupart des écrivains algériens, surtout francophones, publient à l'étranger, et particulièrement en France. Sur les 1 800 ouvrages publiés entre 1962 et 1973 à propos de l'Algérie, la part de la SNED se monte seulement à 555 livres (dont 287 en arabe, et 268 en français). La censure et les interdits de tous ordres expliquent en grande partie la « fuite » des auteurs. Il faut ajouter les effets et pesanteurs de la bureaucratie. Des manuscrits attendent parfois plusieurs années dans un tiroir sans même que l'auteur soit informé de leur destin. La vie littéraire est presque inexistante. L'Union des écrivains, créée en 1963, est considérée comme une organisation « professionnelle » et placée de ce fait sous l'égide du parti unique. Les romanciers Mouloud Mammeri et Kateb Yacine n'en font pas partie. Les revues, comme *Novembre* (avec Mourad Bourboune), *Promesses* (lancée par Malek Haddad), *Deux Écrans* (avec Abdou B.), *Cahiers algériens de littérature comparée* (avec Jamel-Eddine Bencheikh), disparaissent dans les années soixante-dix. Pourtant, après l'indépendance de l'Algérie, plusieurs écrivains symbolisent l'essor, la vitalité combative d'une littérature dont on n'a pas fini de mesurer l'impact créatif et d'admirer l'originale architecture intérieure. À côté des « anciens » comme Kateb Yacine (*Le Polygone étoilé*, Seuil, 1966), Mohamed Dib (*Le Talisman*, Seuil, 1966), Mouloud Mammeri (*L'Opium et le Bâton*, Plon, 1965), ont pris place Assia Djebar (*Les Alouettes naïves*, Julliard, 1967), Mourad Bourboune (*Le Muezzin*, Bourgois, 1968), Rachid Boudjedra (*La Répudiation*, Denoël, 1969), Nabile Farès (*Yahia pas de chance*, Seuil, 1970), Rachid Mimouni (*Le Fleuve détourné*, Laffont, 1982). Si chaque écrivain a son style propre, ses ambitions particulières, on retrouve chez eux des thèmes communs quand il s'agit de dénoncer des régimes antidémocratiques et des visées colonialistes, de tordre le cou au racisme en France, ou tout simplement de défendre, avec leur plume, leur identité culturelle [3, 40, 41]. Les grands écrivains arabophones Abdelhamid Ben Hadouga (*La Mise à nu*) ou Tahar Ouettar (*Noces de Mulet*) s'inscrivent dans la même perspective. Ainsi que le poète Jean Senac, assassiné le 4 septembre 1973 à Alger par le fanatisme religieux.

L'attention portée au cinéma comme arme de combat et de témoignage existe dès la création du GPRA en 1958 et permet la formation d'un noyau de techniciens pendant la guerre d'indépendance. L'ONCIC (Office national pour le commerce et l'industrie cinématographique), créé en 1967, obtient le monopole de la production et de la distribution en Algérie. La périodisation traditionnelle de la jeune histoire du cinéma algérien [24] fait apparaître trois grandes phases entre 1962 et 1982. La première est celle de la lutte armée pour l'indépendance et son prolongement, jusqu'en 1971, dont le point culminant se situerait en 1966 avec les consécrations internationales de *La Bataille d'Alger* (Gillo Pontecorvo, Lion d'or à Venise) et du *Vent des Aurès* (Mohamed Lakhdar-Hamina, Prix de la première œuvre à Cannes). Auxquels il faut ajouter d'autres films de guerre comme *Décembre* (M. Lakhdar-Hamina, 1971) ou *Patrouille à l'est* (Amar Laskri, 1971). La deuxième étape est celle de la révolution agraire, à partir de 1972, avec trois films phares : *Le Charbonnier* de Mohamed Bouamari, *La Corde* d'El Hachemi Chérif et *Noua* d'Abdelaziz Tolbi [77].

La troisième période traite plutôt de la vie quotidienne et correspond aux temps qui suivent l'adoption de la Charte nationale de 1976. Cette phase est illustrée par des films comme *Omar Gatlato* de Merzak Allouache (1976) ou *La Nouba des femmes du mont Chenoua* d'Assia Djebar. Dans ce film de 1977, la guerre de libération est revisitée à travers la mémoire d'un groupe de femmes dont les souvenirs de combattantes télescopent un présent souvent figé.

Cette classification très schématique, un thème dans une période, ne rend pas compte de la complexité du rapport qu'entretient le cinéaste avec sa société. Bien des films échappent à ce découpage chronologique et thématique forcément arbitraire. Cinq ans à peine après la fin des hostilités, le rire peut s'emparer du thème de la guerre d'indépendance avec *Hassan Terro* (M. Lakhdar-Hamina, 1968) ; Tewfik Farès met au jour la mémoire populaire avec *Les Hors-la-loi* (1969) qui chante les hauts faits de bandits d'honneur ; Mohamed Zinet crée, hors des sentiers battus, un film étonnant sur Alger avec *Tahia ya didou* (1971) ; la Palme d'or du festival de Cannes en 1976 est décernée à *Chronique des années de braise* de M. Lakhdar-Hamina ; Okacha Touita dans *Les Sacrifiés*, en 1982, montre que dans la guerre de libération l'ennemi n'est pas seulement un policier français, mais peut être aussi un « frère »…

Dans la littérature, sur les écrans, dans la rue, dans certains journaux, la liberté d'expression tente sans cesse de se manifester. Les Algériens, assoiffés de culture et passionnés de débat d'idées, éprouvent le besoin d'un renouveau. D'autant qu'à la mort de Boumediene, le 27 septembre 1978, près de 60 % de la population n'ont pas connu la colonisation. Ni les « bahis » (jeunes exclus du système scolaire et sans travail), ni les « tchitchi » (jeunesse dorée des beaux quartiers), ni les « hittistes » (« porteurs de murs » pour désigner les jeunes désœuvrés adossés aux murs) ne se reconnaissent dans l'idéologie populiste diffusée par le régime. Animée de motivations contradictoires – pénétrer dans une modernité culturelle et retrouver ses racines ; s'assurer d'un travail stable ou pouvoir quitter l'Algérie –, la jeunesse algérienne s'affirmera dans les années quatre-vingt/quatre-vingt-dix comme une force sociale et politique, explosive. C'est dans le domaine musical que s'exprime le mieux, toujours portée

|  | Unité | 1970 | 1980 | 1992 |
|---|---|---|---|---|
| Analphabétisme | % | 75 | 55,3[a] | 42,6[b] |
| Nombre de médecins | ‰ hab. | 0,13 | 0,36 | 0,51[c] |
| Scolarisation 12-17 ans | % | 30,8 | 47,7 | 64,7[b] |
| Scolarisation 3e | % | 1,9 | 6,2 | 11,8[b] |
| Téléviseurs | % | 29,1 | 52 | 74[b] |
| Livres publiés | titre | 289[d] | 275 | 718[e] |

a. 1982 ; b. 1990 ; c. 1987 ; d. 1968 ; e. 1984.
*Source* : D'après *L'État du monde*, La Découverte, 1994.

par la jeunesse, la mise en question de la culture officielle. Le renouveau de la chanson kabyle s'exprime avec Aït Menguellet, Idir et Djamel Allam, contestataires à l'égard du régime ; et aussi, le raï, né à Sidi-Bel-Abbes, qui utilise l'arabe dialectal, exprime le mal de vivre et les frustrations de la jeunesse citadine. Des chanteurs comme Cheb Khaled ou Cheb Mami deviendront des « stars », représentants à l'étranger de la nouvelle musique algérienne.

# VI / Le blocage du système (1979-1988)

Dans les années quatre-vingt/quatre-vingt-dix, plusieurs processus majeurs se développent au Maghreb et entrent en résonance avec un courant politique qui, les années précédentes, avait fait « profil bas », du moins sur la scène publique : l'islamisme.

Le Maghreb fait face à l'Europe. Des liens très complexes, issus souvent de rapports conflictuels nés de l'histoire coloniale, se sont noués entre le Maghreb et l'Europe. La volonté de fermeture des frontières affichée par les pays de l'Europe occidentale à partir des années 1974-1975, et encore plus clairement par la France en 1986 avec l'instauration de visas qui interdit *de facto* la circulation très intense entre le Maghreb et la France, a renforcé un repli identitaire au Maghreb (« l'Europe se ferme, soyons nous-mêmes »). À une montée des nationalismes en Europe va répondre une crise des États-nations maghrébins.

Ces États-nations se sont construits sur des modèles importés, essentiellement sur le modèle français, jacobin et centralisateur. Même si la propagande, les discours et l'idéologie officielle nient cet emprunt, c'est bien ce modèle qui est venu se plaquer sur les situations historiques de l'Algérie, de la Tunisie et du Maroc. Or, trois questions vont se poser à ces pays : faut-il construire un État-nation moderne sur un modèle importé déjà existant ? Faut-il se réclamer de l'arabité, du nationalisme arabe ? Ou faut-il se réclamer du nationalisme musulman, de la *Umma* islamique (communauté des croyants) ? Ces questions qui traversent les sociétés maghrébines prouvent que l'État n'a plus le monopole du sentiment national. Dans cette ambivalence du concept national, des brèches, des fractures apparaissent, dans lesquelles les isla-mistes pourront s'engouffrer. Ils capteront les aspirations natio-nales pour contester l'État, le défier.

Les sociétés maghrébines dans ces années quatre-vingt sont aussi confrontées à une plus grande affirmation autonome de l'individu, se traduisant par exemple par une plus grande fré-nésie dans la consommation d'images, une plus grande volonté de circulation, des velléités et revendications d'indépendance de la presse, d'exercice des droits, par une volonté de création plus affichée. Cette évolution induit ainsi une crise du modèle fami-lial, du modèle communautaire, central dans ces sociétés. Incon-testablement, une mutation se produit, avec la volonté de passer d'un sujet constamment soumis à des impératifs familiaux, reli-gieux, traditionnels, à un sujet faisant la loi, la loi humaine. En Algérie, l'islamisme se présentera comme une réponse à ce trouble très profond. D'autant que le système politique du parti unique bloque le développement de la société.

## 1. L'arrivée de Chadli Bendjedid

Houari Boumediene meurt le 27 décembre 1978, frappé par la maladie, à moins de cinquante ans. L'émotion de la foule à ses funérailles prouve qu'il avait fini par devenir populaire. Sur recommandation de l'armée, le colonel Chadli Bendjedid est désigné à la succession de Boumediene par le FLN, parti unique, en tant qu'« officier le plus ancien dans le grade le plus élevé ». Sera-t-il simplement un « président de transition » ? Élu le 7 février 1979 président de la République algérienne, Chadli Bendjedid obtiendra pourtant deux autres mandats de cinq ans et restera au pouvoir jusqu'en janvier 1992. C'est un homme de l'est du pays, le Constantinois, comme Houari Boumediene. Né le 14 avril 1929 à Bouteldjia, près d'Annaba, dans une famille de paysans pauvres, Chadli Bendjedid est sous-officier de l'armée française lorsque éclate l'insurrection de novembre 1954. Il rejoint l'ALN en 1955, gravit rapidement les échelons de la hié-rarchie. Il devient membre de l'état-major général installé à Ghar-dimaou sous l'autorité du colonel Boumediene. Durant la crise de l'été 1962, Chadli se range derrière son chef, contre le GPRA. En juin 1964, il prend la direction de la II$^e$ région militaire (Oranie) qu'il va diriger sans interruption de 1964 à 1979. Membre du Conseil de la révolution en 1965, il vit cependant en marge des grandes décisions politiques. À la mort de Boumediene, il triomphe de ses deux principaux concurrents, Mohamed Salah Yahiaoui et Abdelaziz Bouteflika, eux aussi anciens membres de l'état-major, notamment grâce à l'appui de Kasdi Merbah, coordinateur des services de sécurité algériens et chef de la Sécurité militaire (police politique). Les « barons » du boumedienisme sont évincés (Tayebi Larbi, Abdelghani, Ahmed Draia, Bencherif) et remplacés par une nouvelle génération d'officiers supérieurs [1].

Pour exercer son pouvoir, Chadli s'appuie sur plusieurs cercles concentriques : la Sécurité militaire, ses proches d'Annaba et de Constantine, son entourage familial, le Bureau politique du FLN. La plupart des véritables décideurs politiques algériens sont originaires du triangle géographique situé dans l'est du pays, Biskra-Tebessa-Skikda (BTS), où les villes de Khenchela et Batna sont surreprésentées. L'arrivée de cet homme discret, moins « révolutionnaire » et plus gestionnaire, marque-t-elle le début d'une ère nouvelle pour l'Algérie ? Chadli Bendjedid veut la libéralisation économique et entend décrisper le jeu politique algérien. Il supprime l'autorisation de sortie du territoire algérien instituée pour les citoyens depuis le 5 juin 1967, prononce le 5 avril 1979 des mesures d'élargissement à l'encontre de Ferhat Abbas et Benyoucef Benkhedda assignés à résidence depuis mars 1976, fait amnistier onze détenus condamnés en 1969 pour complot contre la sûreté de l'État le 16 avril 1979 et libère l'ex-président Ahmed Ben Bella le 30 octobre 1980. Le nouveau pouvoir se heurte très vite au « printemps berbère » en Kabylie, véritable explosion culturelle qui met à l'ordre du jour la pluralité linguistique en Algérie (l'arabe, le berbère, le français).

## 2. Le choc du « printemps berbère »

Dans la décennie soixante-dix, la conception de la nation qui s'impose fortement est celle de l'arabo-islamisme. Ahmed

Taleb-Ibrahimi, ministre de l'Information et de la Culture, n'hésite pas à écrire en 1973 : « En lisant tout ce qui a été écrit sur les Arabes et les Berbères en Algérie, on se rend compte qu'un véritable travail de sape a été entrepris pour diviser le peuple algérien. Avancer, par exemple, que la population algérienne se compose d'Arabes et de Berbères est historiquement faux » [93].

La Charte nationale en 1976 avait non seulement omis toute référence à la langue et à la culture berbères, mais spécifié que « l'usage généralisé de la langue arabe et sa maîtrise en tant qu'instrument fonctionnel créateur sont une des tâches primordiales de la société algérienne ».

Le 19 mars 1980, le gouvernement interdit une conférence de l'écrivain Mouloud Mammeri sur l'usage de la langue berbère à l'université de Tizi-Ouzou. Des enseignants et des étudiants occupent l'université en signe de protestation. Une grève générale commence en Kabylie en avril 1980 pour la reconnaissance de la langue berbère.

Le « printemps berbère » d'avril 1980 secoue fortement l'édifice institutionnel, idéologique algérien. Il pose, en premier lieu, le problème de la diversité des populations et de la définition culturelle en Algérie [45] ; mais aussi il permet de restituer l'histoire algérienne dans une autre dimension. Deux des animateurs de ce « printemps », Salem Chaker et Saïd Sadi, expliquent en 1983, dans la revue *Tafsut*, que, « depuis l'indépendance, les courants idéologiques du pouvoir et, notamment, l'arabo-islamisme exercent un monopole sur la vie culturelle, intellectuelle du pays fondé sur la censure et l'autoritarisme. Ils développent vis-à-vis de la dimension berbère et de toute pensée autonome une volonté explicite d'étouffement et de liquidation » [130].

L'effet du « printemps berbère » produit, pour la première fois depuis l'indépendance, et de l'intérieur de l'Algérie, un contre-discours public d'une réelle ampleur dans un pays fonctionnant sur le principe de l'unanimisme. Dans cet univers compact où société et État, privé et public sont fondus en un seul bloc, la floraison d'associations et d'organisations populaires autonomes donne consistance à la société algérienne. L'apparition du pluralisme culturel, démocratique permet de traduire et de résoudre par la voie politique des conflits existant « au sein du peuple ».

Les « émeutes » berbères seront sévèrement réprimées dans toute la Kabylie en avril et mai 1980.

## Tract de la communauté universitaire de Tizi-Ouzou
## Information à la population

« Algériens, Algériennes

Les autorités officielles de Tizi-Ouzou ont appelé à un meeting aujourd'hui. Pourquoi ?

Elles vous disent que la communauté universitaire de Tizi-Ouzou est en train de créer un foyer d'agitation. Elles vous disent que cette communauté appelle à la division du peuple sur la base du problème culturel. Elles vous disent que cette communauté est manipulée par des services étrangers ou des groupuscules antinationaux.

C'est faux !

Il s'agit d'une campagne de mensonges à l'égard de cette communauté qui pose les problèmes que vit l'ensemble du peuple. Cette communauté n'est pas un groupe d'irresponsables coupés du peuple. Nous sommes des travailleurs, nous sommes des enseignants, nous sommes des étudiants, conscients des réalités nationales.

Nos revendications sont les vôtres. Elles sont le reflet des conditions de vie dont nous souffrons quotidiennement et notamment l'absence des libertés démocratiques et culturelles.

Nous revendiquons :

– La reconnaissance de la culture et de la langue berbères comme partie intégrante du patrimoine culturel national.

– L'égalité des langues et cultures populaires et un développement dans l'intérêt réel des masses populaires.

– La liberté, effective, d'expression, d'opinion et de pensée.

– La libération des Algériens dont le seul crime est d'avoir émis leur opinion.

Les revendications que nous avons exposées d'une manière légale aux divers organismes concernés, à savoir : le Rectorat, le ministère de l'Enseignement supérieur, les autorités locales : Wilaya, CNP, les autorités nationales et jusque et y compris la Présidence, n'ont reçu aucune suite. Ces revendications ont été reprises par les masses populaires dans d'autres régions et villes du pays et notamment la capitale. La seule réponse à ces revendications s'est exprimée par une vague de répression et d'arrestations contre ceux qui les ont exprimées dans le calme.

Algériens, Algériennes

Avons-nous le droit de nous taire ? Aujourd'hui, cette répression s'abat sur la communauté universitaire. Demain, ce sera vous, parce que vous réclamez l'amélioration de vos conditions de vie.

Halte aux mensonges et à la répression sous toutes ses formes !

– Vive l'unité nationale dans sa diversité !

– Vivent les cultures populaires algériennes !

– Vivent les libertés démocratiques !

La Communauté universitaire de Tizi-Ouzou. Le 10 avril 1980. »

### 3. Parti unique et armée

Les successeurs de Houari Boumediene héritent du système du parti unique. Ils tentent, au début, une timide ouverture politique (libération de l'ancien président Ahmed Ben Bella), réduisent le rôle des services de sécurité et du renseignement. Mais ils ne s'attaquent pas au système du parti unique impulsé par l'armée, afin d'enrayer la progression du « vide » politique et social.

Le 3 mai 1980, la 3ᵉ session du comité central du FLN, dans sa résolution organique publiée le 14, donne les pleins pouvoirs au président Chadli pour procéder aux réajustements des structures du FLN. Le Congrès extraordinaire du FLN se réunit le 15 juin 1980, avec 3 998 délégués dont 3 339 élus et 659 désignés. La concentration des pouvoirs au bénéfice du chef de l'État (président de la République, secrétaire général du Parti et ministre de la Défense nationale) est confirmée. Le système institutionnel algérien instauré depuis 1965, « constitutionnalisé » en 1976, apparaît en 1980 « comme un pouvoir d'État investi par la direction militaire » [66], alors que d'autres auteurs l'ont qualifié, tour à tour, de « sultanisme » [74], de « bonapartiste » [8], de « militaro-bureaucratique » [113], de « capitalisme bureaucratique ».

Le 24 décembre 1980, lors de la 4ᵉ session du comité central du FLN, obligation est donnée aux cadres des « organisations de masse » (UGTA, UNJA – Union nationale de la jeunesse algérienne, UNFA – Union nationale des femmes algériennes, UNPA – Union nationale des paysans algériens, ONM – Organisation nationale des moudjahidin) et aux membres des assemblées élues d'adhérer au FLN à partir du 1ᵉʳ janvier 1981 en application de l'article 120 des statuts du Parti. Le président Chadli procède à la désignation des trente et un secrétaires des *mouhafadhat* (subdivision du FLN au niveau de la wilaya). Chacun de ces trente et un hommes présidera un conseil de coordination composé du commandant de secteur de l'Armée nationale populaire (ANP) et du président de l'Assemblée populaire de wilaya. Le FLN accentue les conditions de son contrôle sur la société. Par l'application de l'article 120, il domestique les organisations de jeunesse, les syndicats. Dans son message sur « l'état de la nation », le 10 janvier 1983, Chadli Bendjedid déclare : « Ma volonté est que le parti du Front de libération nationale soit un parti puissant, capable d'assumer la plénitude de son rôle dans tous les domaines de la vie nationale. »

Le FLN, qui a perdu progressivement la légitimité historique issue de la guerre d'indépendance, est depuis longtemps discrédité par la bureaucratie, l'affairisme et le carriérisme. Cette bureaucratisation l'empêchera de mener à bien les entreprises de « moralisation » contre ceux qui ont détourné des fonds. Le 21 avril 1983, *El Moudjahid* annonce qu'une centaine de magistrats greffiers et agents des services pénitentiaires seront déférés devant des commissions de discipline pour concussion ou abus de pouvoir. Le 7 mai, la Cour des comptes condamne Ahmed Bencherif à verser 47 000 DA pour avoir engagé des dépenses de façon irrégulière en 1977, alors qu'il était ministre de l'Hydraulique. La Cour suprême inculpe, le 13 mars 1984, deux anciens walis de Bechar pour détournement de deniers publics. Le 8 août, Abdelaziz Bouteflika déclare à l'agence AFP qu'il est prêt à affronter « le débat politique à l'origine des accusations de détournement de fonds ; [et qu'] il a toujours agi sur les instructions du président Boumediene ». Le 24 octobre 1984, un arrêt de la Cour des comptes met en cause Belaïd Abdesslam et Liassine, anciens ministres de l'Industrie sous Boumediene, pour mauvaise gestion. Tayebi Larbi, ex-ministre de l'Agriculture, est accusé par la Cour de détournement de fonds publics.

La plupart des procédures seront étouffées. Malgré plusieurs campagnes d'« assainissement », sous les mandats de Chadli Bendjedid, la corruption atteint des proportions inégalées. La pratique des « commissions » pour l'implantation des sociétés étrangères sur le territoire algérien se développe à grande échelle.

La personnalisation du pouvoir, par la concentration des fonctions gouvernementales et législatives, s'opère toujours sous l'œil vigilant de l'armée, véritable structure gouvernante. Celle-ci se réorganise en novembre 1984. Les colonels Abdallah Belhouchet et Mustapha Benloucif sont nommés au grade de général-major et huit colonels sont promus généraux. Un état-major de l'ANP est créé, dirigé par Mustapha Benloucif assisté de généraux, où émerge la personnalité de Khaled Nezzar.

Mohamed Chérif Messaadia, initiateur du fameux article 120 des nouveaux statuts du Parti, occupe le poste de secrétaire permanent du comité central du FLN jusqu'aux émeutes d'octobre 1988. Il cristallisera sur son nom les mécontentements populaires.

## 4. La crise du système productif

Malgré les réalisations de la politique économique qui a doté l'Algérie d'un système productif à l'image des pays semi-industriels (taux de croissance annuel moyen de 7,5 %, augmentation de la production industrielle de 8,1 % par an entre 1970 et 1980), les difficultés inhérentes à la réalisation puis au fonctionnement des unités industrielles (surcoûts, faiblesse des taux d'utilisation des capacités productives, non-maîtrise des technologies importées) provoquent de graves problèmes [46].

Dès la fin des années soixante-dix, les failles béantes des plans successifs de développement apparaissent, révélant les lacunes de la stratégie adoptée, en particulier celles du privilège accordé à l'industrie lourde au détriment de l'agriculture et de la production des biens alimentaires. Les dépenses en importations de biens alimentaires (2,2 milliards de dollars par an en 1980) rendent l'Algérie dépendante à hauteur de 60 % de ses besoins.

Cette situation de crise conduit à une sorte de « pause ». En juin 1980, le nouveau plan quinquennal (1980-1984) tente de remédier aux déséquilibres engendrés par la stratégie « industrialiste ».

La nouvelle stratégie élaborée sous Chadli Bendjedid passe par une reconnaissance du rôle joué par le secteur privé. Dès le 10 décembre 1979, une conférence sur l'exploitation pétrolière préconise une participation accrue de sociétés et de pays étrangers à l'effort de recherche. À l'issue d'une réunion du comité central du FLN, le 2 janvier 1980, une charte sur l'habitat est promulguée, encourageant l'accession des familles à la propriété privée. Le 6 janvier 1980, les orientations adoptées pour le développement sont publiées. Devant servir de base au plan quinquennal (1980-1984), elles préconisent, notamment, la révision de la politique pétrolière et une décélération du processus d'industrialisation. Par un décret paru au *Journal officiel* du 7 mai 1980, la Sonatrach est « éclatée » en quatre entreprises. D'autres mesures sont prises en 1982-1983 : relance du crédit aux entrepreneurs de

| Indicateur | Unité | 1970 | 1980 | 1992 |
|---|---|---|---|---|
| Commerce extérieur | % PIB | 24,4 | 29,1 | 21,6 |
| Total imports | milliard $ | 1,3 | 10,8 | 8,5 |
|    Produits agricoles | % | 16,6 | 24,2 | 32,1[b] |
|    Produits miniers et métaux | % | 1,9 | 1,7 | 2,5[d] |
|    Produits manufacturés | % | 79,3 | 71,7 | 62,6[d] |
| Total exports | milliard $ | 1,0 | 13,9 | 12,1 |
|    Produits agricoles | % | 20,5 | 0,9 | 0,3[b] |
|    Pétrole et gaz | % | 70,5 | 98,5 | 95,9[b] |
|    Produits miniers et métaux | % | 2,5 | 0,5 | 0,5[c] |
| Principaux fournisseurs CEE | % imports | 72,0 | 67,9 | 64,2[b] |
|    dont France | | 42,4 | 23,2 | 26,3[b] |
| États-Unis | | 8,0 | 7,1 | 8,8[b] |
| Principaux clients CEE | % exports | 80,2 | 43,4 | 67,7[b] |
|    dont France | | 53,5 | 13,4 | 15,1[b] |
| États-Unis | | 0,8 | 48,1 | 16,8[b] |

a. Marchandises ; b. 1991 ; c. 1989 ; d. 1988.

D'après *L'État du monde*, La Découverte, 1994.

l'industrie et des services, ainsi qu'aux exploitants du secteur agricole privé ; autorisation donnée aux entrepreneurs privés d'importer librement des pièces détachées. Les planificateurs cherchent à développer certains secteurs jusque-là délaissés (logement ou industries légères). La privatisation de l'agriculture est encouragée. Du fait de la libéralisation des transactions foncières après la loi de 1983 et surtout de la restructuration du secteur socialiste, 700 000 hectares passent du secteur socialiste au secteur privé (la « révolution agraire » avait porté sur 1 167 000 hectares) ; le secteur privé s'étend de 55 % de la surface agricole utile en 1980 à 62 % en 1985 : il assure plus de 50 % de la production [36].

La nouvelle étape économique veut aussi stimuler l'épargne privée et la satisfaction d'intérêts patrimoniaux : acquisition de terrains, commerce, importations de véhicules, possibilité pour les Algériens depuis août 1986 d'ouvrir dans les banques algériennes un « compte en devises », quelle que soit l'origine des fonds déposés.

Le secteur privé est au centre de la réorientation économique. Le pari repose sur le développement d'une forte industrie des biens de consommation, et sur la résorption du chômage par de nombreuses créations d'emplois. Les résultats sont loin d'être à la hauteur des intentions affichées. Le secteur privé reste faiblement créateur d'emplois comparativement au secteur public.

La recherche plus poussée de rentabilité financière conduit au blocage de l'embauche. Durant les deux premières années du plan (1980-1981), les emplois créés ne dépassent pas 280 000 postes de travail. Cela reflète un arrêt dans l'absorption de main-d'œuvre (alors qu'en 1976 il y avait création annuelle de 250 000 emplois nouveaux). Le million de chômeurs hérité du début des années soixante-dix reste à résorber, et chaque année 200 000 jeunes arrivent sur le marché du travail.

Peu de postes de travail sont directement productifs. L'industrie proprement dite ne représente que 20 % des créations d'emplois, auxquels il faut ajouter encore 20 % dans le bâtiment et les travaux publics, contre 33 % dans l'administration déjà lourdement bureaucratisée.

En ce qui concerne l'agriculture, le secteur privé fournit l'essentiel des produits et les rendements sont toujours très bas. Les prix des produits agricoles algériens sont largement supérieurs aux cours mondiaux, et il paraît plus « rentable » d'importer. En 1984, le pays importe 40 % de la consommation nationale de céréales, 50 % des produits laitiers, 70 % des matières grasses, 95 % du sucre.

L'Algérie, enfin, reste très dépendante de ses hydrocarbures. Ce secteur représente 32,3 % de la PIB dans les années 1976-1979, et 37,5 % en 1980. L'industrie ne représente toujours que 10 % de la PIB en 1982, soit une part équivalente à celle de 1962, et les exportations industrielles ne parviennent toujours pas à percer sur le marché mondial. Les exportations d'hydrocarbures comptent pour 92 % du total de la valeur des exportations dans la période 1975-1982 (88 % en 1972). La chute du prix du pétrole en 1983 puis en 1986 (contre-choc pétrolier) aggrave la situation d'une économie dont la quasi-totalité des moyens de financement provient de la valorisation internationale des hydrocarbures.

## 5. Le fardeau de la dette

Durant la décennie soixante-dix, du fait de l'insuffisance de l'épargne intérieure, c'est la rente énergétique d'abord, l'endettement extérieur, ensuite, qui ont permis le vaste programme d'industrialisation et l'extension du salariat. Le résultat, au début des années quatre-vingt, se traduisait par un alourdissement de la dette extérieure. Celle-ci représentait 35,5 % du produit national brut en 1981.

Dans la mesure où le financement de l'industrialisation repose sur les recettes issues de la valorisation internationale des hydrocarbures, la baisse des cours du pétrole et du gaz entraîne l'accroissement du service de la dette.

Dans la première moitié des années quatre-vingt, le baril de pétrole oscille entre 40 et 30 dollars (environ 300 FF en 1985). À partir de 1986, la baisse des recettes issues de la vente des hydrocarbures – 97 % des rentrées de devises du pays – avec un baril de pétrole à environ 15 dollars en 1993, rend insolubles les problèmes de financement. L'Algérie doit à la fois rembourser ses créances, importer des produits alimentaires et pharmaceutiques et acheter des pièces détachées et des équipements pour l'industrie.

## 6. La politique étrangère et les rapports avec la France

Chadli Bendjedid, en matière de politique étrangère, reste dans l'axe traditionnel de la politique algérienne dans ses déplacements : plusieurs États arabes d'abord, puis un long périple africain (mars-avril 1981) qui lui permet de visiter onze pays, du Mali au Congo. L'Algérie continue de faire admettre, sur la scène internationale, ses capacités d'organisation et son « sérieux ».

Ses « bons offices » dans la délicate négociation de la libération des otages américains détenus par Téhéran, d'octobre 1980 à janvier 1981, ses tentatives de médiation dans la guerre Iran/Irak,

DETTE EXTÉRIEURE DES PAYS DU MAGHREB
(en %)

|  | 1982 | 1985 | 1988 | 1992 |
|---|---|---|---|---|
| Dette/PIB | | | | |
| – Algérie .......................................... | 40,2 | 32,5 | 46,8 | 68,0 |
| – Maroc .......................................... | 84,9 | 136,6 | 99,5 | 75,0 |
| – Tunisie .......................................... | 48,1 | 61,6 | 70,3 | 55,0 |
| Service de la dette/exportations de biens et services | | | | |
| – Algérie .......................................... | 30,7 | 35,7 | 78,7 | 77,0 |
| – Maroc .......................................... | 43,2 | 33,2 | 26,1 | 28,5 |
| – Tunisie .......................................... | 16,2 | 25,0 | 21,8 | 19,0 |

*Sources :* Banque mondiale ; données nationales.
D'après *Conjoncture*, novembre 1993.

brutalement interrompues par la disparition tragique dans un accident d'avion, le 3 mai 1982, de son ministre des Affaires étrangères, Mohamed Seddik Benyahia et de ses treize compagnons (dont plusieurs directeurs de son ministère) montrent l'autorité de l'Algérie en matière diplomatique. Ahmed Taleb-Ibrahimi est le responsable de la diplomatie algérienne après Benyahia. Mais au début des années quatre-vingt, l'Algérie semble hésiter entre assumer son ambitieux héritage géopolitique ou tirer son épingle du jeu dans le désordre économique mondial. Conservant, dans son vocabulaire, le grand dessein tiers-mondiste, l'Algérie, en fait, passe à une politique « réaliste », au moment où s'entendent les premiers craquements de l'empire soviétique (allié considéré comme « naturel » du monde arabe). Le pays tente d'établir des relations économiques et technologiques avec les États-Unis et d'autres pays occidentaux. L'expérience des négociations avec la France indique cette volonté de passage à une politique plus réaliste.

Le contentieux entre l'Algérie et la France se focalise essentiellement sur trois points au début des années quatre-vingt. L'émigration d'abord. Les 820 000 Algériens (dont 360 000 travailleurs) immigrés en France ne peuvent être renvoyés chez eux « comme des paquets », disent les autorités algériennes. Ensuite, le problème des « Beurs » (immigrés de la deuxième génération). D'après la loi française, les enfants d'Algériens nés en France sont français. Mais le sont-ils vraiment, disent les autorités algériennes qui les considèrent comme des « nationaux » ? La question touche alors 160 000 jeunes. Enfin, le dossier de la Sécurité sociale. Depuis 1965, l'Algérie réclame à la France, à ce titre, un arriéré d'un milliard de francs. La France refuse de reconnaître ce chiffre choc. Les rapports entre les deux pays s'améliorent avec l'arrivée de la gauche française au pouvoir. Le 30 novembre 1981, François Mitterrand, en visite à Alger, propose que les relations franco-algériennes soient un « symbole des relations nouvelles entre le Nord et le Sud ». Le 3 février 1982 intervient la signature de l'accord sur le gaz. Le ministre de l'Énergie, Belkacem Nabi, obtient une indexation du prix du gaz algérien sur celui du pétrole brut.

Pour la France, l'Algérie, c'est l'État algérien, et au sein de celui-ci certains interlocuteurs sont privilégiés. Le pays reste une grande « réserve », un partenaire économique, avec le gaz et le pétrole. Cette homogénéité postulée de l'Algérie autour de son État, appuyé sur l'armée et le parti unique, conduit au refus d'examiner d'autres forces, d'autres mouvements sociaux ou politiques. Cette attitude de la France se manifestera notamment au moment de l'assassinat, à Paris, de l'opposant algérien, membre du Front des forces socialistes (FFS), Ali Mecili, le 7 avril 1987. Les autorités françaises extradent le tueur présumé, Amellou, marquant ainsi leur volonté d'enterrer l'« affaire Mecili » pour ne pas compromettre les relations d'État à État [6, 83].

## 7. Lézardes dans l'« histoire officielle »

Au temps du président Chadli Bendjedid, la guerre livrée contre la présence coloniale française reste le moment central de légitimation symbolique de la nation, mais aussi de l'État. Cette séquence est représentée comme le rassemblement de tout un peuple, sans différenciations sociales, politiques ou culturelles. La mise en scène d'une mémoire unanimiste construit les fondements d'un populisme puissant (qui tente de masquer toutes différenciations sociales ou oppositions politiques) à l'œuvre dans l'idéologie officielle.

Au temps de l'occultation complète de l'histoire algérienne dans sa complexité sous la présidence de Houari Boumediene succède, dans les années quatre-vingt, celui de l'« écriture de l'histoire » de la guerre d'indépendance. La mémoire vécue, préservée et formulée deviendra un signe de ralliement pour toute la génération de la tourmente, celle de la victoire par l'indépendance. Telle est du moins l'intention de divers « séminaires d'écriture de l'histoire » organisés par le FLN à partir de 1982-1984.

La vaste opération de collecte et d'enregistrement de témoignages verbaux sur les différentes étapes de la révolution algérienne, décidée par les autorités, se situe dans une perspective clairement définie : « Rien ne peut nous permettre de demeurer spectateurs d'une histoire que d'autres peuvent écrire, que certains ont tenté de falsifier selon leur bord politique ou leurs intérêts immédiats » (*Algérie-Actualité*, 28 octobre 1982).

La présentation sur le mode héroïque des faits d'armes (où la geste militaire sert à justifier la place de l'armée dans l'État depuis l'indépendance) s'exerce tout particulièrement dans le genre biographique. La société coloniale, société inégalitaire, ne concevait naturellement pas de biographies pour les humbles et les obscurs. Alors ces mêmes obscurs doivent se retrouver projetés sur le devant de la scène. Ainsi, à titre d'exemple, à l'approche du 1er novembre 1984, trentième anniversaire de l'insurrection, les notices nécrologiques se multiplient dans la presse algérienne.

Toutes ces biographies portent sur des hommes morts au combat, les armes à la main. Ce discours cérémonial, où l'éloge domine, a pour fonction de célébrer la construction de l'État algérien par l'intermédiaire de « héros » donnés comme exemples. Dans la mise en place de la mémoire collective, le répertoire des figures héroïques tient ainsi une place centrale pour cultiver l'intensité du souvenir, lutter contre l'oubli dans un pays qui sort d'une « longue période d'occupation coloniale ». « Par l'histoire, armer notre jeunesse du patriotisme des aînés » ; « La force du passé » ; « Restituer les hauts faits dans leur vérité » ; « Dans les mémoires vivantes de ceux qui ont fait la Révolution » : tels sont quelques-uns des titres trouvés dans la presse algérienne à l'occasion des travaux du deuxième séminaire sur l'écriture d'histoire de la Révolution, en mai 1984.

Dans ce cadre, l'histoire peut devenir instrument d'information, mais aussi moyen de refaçonner le passé, projection des rapports de force du présent. Dans la cérémonie-commémoration, des figures apparaissent, d'autres disparaissent.

Le 24 octobre 1984 a lieu la réinhumation solennelle à Alger de Krim Belkacem et de huit anciens dirigeants du FLN. Le 1er novembre, à l'occasion du trentième anniversaire du déclenchement de l'insurrection, un décret présidentiel amnistie et réhabilite, à titre posthume, vingt et une personnalités. Va-t-on, enfin, évoquer clairement le rôle des divers acteurs de la guerre ? Le 8 juillet 1985, un numéro spécial d'*Algérie-Actualité* consacré à l'Organisation spéciale (OS, organisation clandestine mise en place par les nationalistes indépendantistes en 1947) est saisi dans les kiosques. Plusieurs milliers d'exemplaires sont détruits. Le fait d'avoir cité Hocine Aït Ahmed, Ahmed Ben Bella, Mohamed Boudiaf (responsables de l'OS organisation clandestine du mouvement nationaliste, et fondateurs du FLN, tous passés dans l'opposition) dans les articles explique l'interdiction. Cet exemple spectaculaire de censure illustre les limites de la pratique de la Commission nationale d'écriture de l'histoire mise sur pied sur décision du parti unique, le FLN. La Commission ne vise pas à rechercher et comprendre un passé complexe, mais obéit aux demandes du pouvoir et aux sollicitations du présent. Elle est ainsi utilisée dans les débats politiques intérieurs du FLN.

L'histoire officielle a institué des repères, construit sa propre légitimité, effacé toute démarche pluraliste. Elle a, en fait, fabriqué de l'oubli [91].

En juillet 1987, l'hebdomadaire *Algérie-Actualité* publie un grand sondage sur la jeunesse, l'histoire de l'Algérie, sa mémoire. Les noms de Krim Belkacem (un des principaux responsables du GPRA), d'Abane Ramdane (organisateur du congrès de la Soummam) ou de Didouche Mourad (responsable du Constantinois en 1954) sont à peine cités. Et le commentateur du sondage de noter : « Les héros sont ceux que les unes de journaux et de télévision montrent le plus souvent : Amirouche, Larbi Ben M'Hidi, Si Haouès, Zighoud Youcef... Il n'y a de vrai héros que mort. » Effectivement, les hommes les plus connus sont ceux qui sont morts au combat, avant l'indépendance.

L'écrivain algérien Rachid Mimouni observe : « En Algérie, 60 % de la population a moins de vingt ans. Ils savent que la guerre a existé, bien sûr, mais c'est pour eux une vieille histoire aux aspects mythiques. »

C'est cette jeunesse que l'on retrouvera dans la rue, en octobre 1988.

## 8. L'islam, la famille et le fondamentalisme d'État

Le décret du 9 février 1980 portant attributions du ministre des Affaires religieuses dispose qu'il a pour tâche « d'expliquer et de diffuser les principes socialistes contenus dans la justice sociale qui constitue l'un des éléments essentiels de l'islam ». L'islam se manifeste dans la personnalité algérienne et s'épanouit dans le socialisme. L'État est le garant de l'une et de l'autre et donc aussi le garant de l'islam. L'État instaure un « ordre public religieux », mais seulement dans la mesure où l'islam est la religion du socialisme algérien.

La soumission de l'islam à des valeurs officielles est réaffirmée dans la Charte nationale de 1986, nouvelle référence idéologique : « L'islam a apporté au monde une conception noble de la dignité humaine qui condamne le racisme, rejette le chauvinisme et l'exploitation de l'homme par l'homme ; l'égalité qu'il prône s'harmonise et s'adapte avec chacun des siècles de l'histoire. »

L'État nationalise l'islam sans vouloir le modifier. C'est par le refus de la soumission de l'islam à l'État que surgira le mouvement politique de l'islamisme. D'autant que l'État algérien n'a pas de légitimité religieuse, à la différence par exemple du Maroc [76].

Le 19 mai 1981, des affrontements éclatent entre activistes islamistes et forces de l'ordre sur les campus des universités d'Alger et d'Annaba. Des incidents, violents, éclatent entre groupes « islamistes » et « laïques » à la cité universitaire de Ben Aknoun, sur les hauteurs d'Alger, le 2 novembre 1982 (un étudiant « progressiste » est tué à coups de sabre). Le 11 décembre 1982, vingt-trois activistes islamistes sont arrêtés, pendant que d'autres prennent le chemin de l'Afghanistan pour livrer bataille contre les troupes soviétiques. Le 13 janvier 1983, un leader islamiste, Mustapha Bouyali, ouvre le feu, avec d'autres de ses compagnons, sur une patrouille de gendarmes près d'Alger. Le « maquis Bouyali » commence à se faire connaître. En avril 1985, cent trente-cinq membres de son groupe, le Mouvement islamique d'Algérie (MIA), passent en procès. Mustapha Bouyali, qui a pris le maquis et défie les forces de l'ordre dans sa région d'origine (Larb'a, près d'Alger) depuis cinq ans, est condamné à la prison à perpétuité, par contumace. Il sera abattu en janvier 1987. Le mouvement islamiste fait son apparition au grand jour au moment des obsèques du *cheikh* Abdellatif Soltani, au cimetière de Kouba, le 16 avril 1984. Des milliers de personnes se retrouvent pour la cérémonie qui donne lieu à des affrontements puis à des arrestations [72].

L'État contrôle étroitement, par le biais du ministère des Affaires religieuses, la nomination des imams par un décret du 6 août 1983 qui centralise la formation des cadres du culte, décide la création d'une grande université des sciences islamiques à Constantine (elle ouvrira ses portes en septembre 1984) et surveille la construction de mosquées dont le nombre s'élève à près de 6 000 en 1986. Cet accroissement du nombre de mosquées suscite des besoins accrus en fonctionnaires du culte. Les « imams libres », proches des milieux islamistes, profitent de cette carence. Ils appartiennent à différents courants : celui des oulémas traditionnels, avec Mohamed Sahnoun et Abdellatif Soltani, celui de l'association *Al Qiyam* (« Les valeurs ») et celui de Malek Benabi. D'autres se retrouvent dans la tendance issue de l'Orient arabe et sont liés à l'Association des Frères musulmans, créée en Égypte dans les années trente par Hassan el-Banna. Ces prédicateurs des mosquées « privées » alimentent la mobilisation islamiste. Ils mènent campagne pour la moralisation d'une société considérée comme impie. Ils trouvent une source d'encouragement pour la diffusion de leur idéologie à travers le débat sur le « code du statut personnel et de la famille ». En dépit de nombreuses protestations et après que ce projet eut été ajourné à plusieurs reprises depuis 1962, le code est adopté le 29 mai 1984 par l'Assemblée nationale populaire. Le maintien, même limité, de la polygamie, l'interdiction pour les femmes d'épouser un non-musulman, le fait qu'elles aient besoin, même majeures, d'un tuteur matrimonial sont en contradiction avec la Constitution de 1976 qui proclame l'égalité devant la loi. De nombreuses associations de femmes, en particulier les combattantes de la guerre de libération, considèrent que ce code constitue une régression significative par rapport aux mutations effectives qui se sont produites depuis l'indépendance, dans les rapports entre les sexes. Les islamistes en profitent, de leur côté, pour revendiquer l'application intégrale de la *char'ia* (législation islamique).

## 9. Mouvements de société et blocages d'un système

Vingt-cinq ans après son indépendance, le paysage économique, social et culturel de l'Algérie s'est radicalement transformé. De grands complexes industriels modernes sont apparus à Skikda, Annaba, Arzew. L'Algérie dispose ainsi d'un vaste complexe sidérurgique à El Hadjar, de raffineries de pétrole, d'usines d'engrais et de liquéfaction de gaz naturel. Le nombre d'emplois salariés est passé de 700 000 en 1963 à 2 300 000 en 1981.

Le centre de gravité du pays s'est déplacé des campagnes vers les villes. La population, qui a doublé, s'est fortement urbanisée (de 30 % au début des années soixante, le taux d'urbanisation atteint près de 50 % en 1988).

La poursuite de l'émigration vers l'Europe, le déplacement des populations vers la ville, le mouvement de jeunes ruraux vers le salariat illustrent l'extraordinaire mobilité de la société algérienne. Ce bouleversement est non seulement géographique, mais aussi social et culturel. Des millions d'Algériens s'initient rapidement à la vie citadine, découvrent d'autres modes de consommation. La brusque urbanisation provoque une « crise des villes ». En 1982, la situation dans le domaine du logement est dramatique, puisqu'il faudrait construire un million de logements en dix ans pour réduire seulement la pénurie à son niveau de 1973. L'insuffisance des équipements hydrauliques se fait criante et se traduit par le rationnement de l'eau dans la plupart des grandes agglomérations. La crise du logement freine le processus d'autonomisation de la famille nucléaire conjugale, au moment où se disloque l'ancienne famille élargie.

## La condition des femmes dans les années 1970-1980

« Ouardia et Malika ont fait leurs études à l'université d'Alger entre 1965 et 1970, à une époque où les facultés étaient très actives, militantes, pourtant ni l'une ni l'autre n'a eu une jeunesse engagée. Dans ces années-là, les filles étaient une minorité et elles le sont demeurées. Leur nombre s'est accru et peut faire illusion car elles sont visibles dans les rues et les quartiers universitaires. Toutefois, il y avait en Algérie 2 200 étudiantes en 1968, 10 000 en 1976, et sans doute 15 000 en 1980 (mais en 1976 comme en 1968 il y avait toujours 23 filles pour 77 garçons à l'université).

Ouardia et Malika ont toutes deux été occupées à étudier et pour Malika c'est dans le milieu universitaire que s'est opérée la rupture à cause d'une mixité qui n'en est pas une dans une société où les hommes et les femmes sont séparés par la pudeur, la réserve, la honte, l'honneur... On n'en finirait plus de nommer les barrières qui les isolent, bien plus fortes que le voile et les clôtures et qu'une soudaine rencontre à l'université ne suffit pas à briser. "En réalité, il y a séparation, ça ne communique pas !", dit Malika. Garçons et filles jouent la comédie dérisoire de la séduction et les plus progressistes exhibent sans complexe les valeurs les plus réactionnaires en ce qui concerne les femmes. [...] Les femmes ont été gagnées par la dépolitisation générale qui s'est accentuée au cours de la fin des années soixante-dix et celles des milieux les plus aisés par la poursuite de la richesse et de la réussite sociale qui ne reconnaît qu'une place à la jeune fille : celle du pion sur l'échiquier des stratégies matrimoniales. »

(Monique Gadant, *Le Nationalisme algérien et les femmes*, Paris, L'Harmattan, 1995, p. 32.)

Les nouveaux salariés se recrutent désormais dans la grande masse des jeunes, pour la plupart issus des villes. Scolarisés plus longtemps que leurs aînés, ils n'ont pourtant pas de mémoire sociale et politique. Ils n'ont pas connu les dures conditions de travail de l'époque coloniale et des premières années de l'indépendance. Ils ont grandi dans une société où le discours dominant était celui d'une prise en charge par l'État des demandes de bien-être. Mais, dans la décennie quatre-vingt/quatre-vingt-dix, l'État est moins que jamais en mesure de tenir ses promesses d'accès du plus grand nombre aux biens de consommation, aux loisirs, à l'éducation, au travail stable et bien rémunéré. Or, comme le note le sociologue algérien Abdelkader Djeghloul, « la force du populisme du pouvoir politique algérien, jusqu'au début des années quatre-vingt, a incontestablement résidé dans le fait qu'il n'était pas seulement une idéologie, un discours d'autolégitimation, mais un ensemble de pratiques effectives d'intégration de la majorité de la population algérienne dans les circuits du travail salarié et de la ville » [107].

À la fin des années soixante-dix, le nombre de chômeurs se met à croître plus vite et touche principalement les jeunes. En 1985, près de 72 % des actifs qui sont à la recherche d'un emploi sont âgés de moins de 25 ans. Avec la crise du chômage, du logement et de l'école s'accroît dès lors un certain désenchantement à l'égard du modèle idéologique, notamment industrialiste, qui a été le fondement de légitimation du pouvoir et du consensus national, dans la phase précédente. Le désir de consommation se heurte à l'austérité. L'Algérie se cherche entre les anciennes structures qui éclatent (modèle familial, social) et les nouvelles, pas encore codifiées. La « débrouillardise » et l'individualisme se développent. La mobilisation par l'État de la rente issue des hydrocarbures ne suffit plus au financement des vastes programmes d'investissements publics dans l'industrie et les services. À cela viennent s'ajouter les blocages institutionnels et politiques. Le système du parti unique, fondé sur le clientélisme, freine toute velléité d'autonomie du salariat, empêche la relève des générations politiques.

Grâce à ses revenus pétroliers, l'Algérie échappe en 1984 aux « révoltes du pain » qui secouent le Maroc et la Tunisie. Mais la population est de plus en plus excédée par l'étalage de richesses et l'arrogance d'une nouvelle caste de privilégiés. Le fossé se creuse entre deux sociétés. Les frustrations de tout ordre s'accumulent, surtout au sein de la jeunesse (65 % de la population).

En 1985, les cours du prix du pétrole s'effondrent brutalement, effet du contre-choc pétrolier. Les devises se font plus rares. L'Algérie adopte un plan d'austérité draconien : réduction des dépenses sociales, des importations et du budget de l'État. Les biens d'équipement et de première nécessité commencent à manquer. L'exode rural se poursuit, la crise du logement urbain s'approfondit. En proie au chômage, privés d'une véritable vie culturelle et de grands projets mobilisateurs, les jeunes sont une force potentiellement explosive.

Les islamistes développent leurs réseaux de façon souterraine. En avril 1985 se tient le procès de cent trente-cinq militants

## « La crise sera-t-elle accoucheuse d'une nouvelle histoire ? »

« Le paysage emblématique de l'Algérie – où l'on fait grand usage de slogans et de mots d'ordre – est, depuis plus de cinq ans, habité par la "crise économique". La revendication de "transparence" côtoie celle de la fin de l'État-providence. [...] Nous avons mis fin, dès 1985, aux fantasmes d'une vie meilleure pour aborder l'avenir avec rigueur. Au principe de plaisir, nécessaire selon nous en cette période de mise en place de clientèles nouvelles, succédera le principe de réalité. La crise selon nous est d'abord celle des modes de domination et de socialisation. La société et l'État ont fonctionné pendant longtemps selon les mécanismes de répartition ; les contradictions sociales elles-mêmes, les conflits et les antagonismes en germe dans le processus d'accumulation ont été gelés. Le moment de leur transformation en luttes actives a été ainsi reporté, grâce à l'utilisation politique de la rente. Cette période s'achève et pousse à la remise en cause des automatismes. Il n'est désormais plus possible d'avoir des organigrammes démesurés et une bureaucratie tentaculaire ; les entreprises publiques n'ont plus le droit de recruter comme bon leur semble et le "social" subit des restrictions importantes. La crise oblige à de nouveaux calculs ; le comportement de l'État lui-même, ou plus exactement celui du groupe social dominant, est largement conditionné par la possibilité qu'il avait de "manipuler" la société, à travers la répartition d'une rente. »

(Djillali Liabès, texte rédigé en 1988, *in L'Algérie et la Modernité*, sous la direction d'Ali el Kenz, Dakar, Codesria, 1989, p. 238.)

accusés d'appartenir à des organisations clandestines. En même temps, des manifestations éclatent, dans la casbah d'Alger, pour réclamer l'amélioration des conditions de logement. L'année suivante, en novembre 1986, la grande capitale de l'Est algérien, Constantine, est à son tour touchée par de violentes émeutes de jeunes. Le FLN et la classe politique en général sont mis en accusation. Le mécontentement grandit pour aboutir aux manifestations sanglantes d'octobre 1988.

Le système économique et politique, à l'origine de la faiblesse d'une culture démocratique dans la société, finit par entrer en crise ouverte : grèves ouvrières, revendications culturalistes, création d'organisations de défense des droits de l'homme et montée de l'islamisme politique.

## Conclusion :
## une jeunesse impatiente, un avenir en panne

De juillet 1962, moment décisif de son passage à l'indépendance, à octobre 1988, instant crucial d'effondrement du système
fondé sur un parti unique (le FLN), le paysage social et culturel
de l'Algérie s'est considérablement transformé. Ce pays a connu
une forte augmentation démographique, triplant pratiquement sa
population, un fort déplacement des populations rurales vers les
villes, un accroissement du taux de scolarisation (alors que l'analphabétisme était important au moment de l'indépendance). Mais,
dans cette grande séquence 1962-1988, ce qui prévaut dans
l'esprit des dirigeants politiques au pouvoir, dont la plupart sont
issus de la guerre d'indépendance contre la France, c'est l'obses-
sion de l'unité nationale. L'idéologie officielle et l'organisation
du pouvoir politique, sous les présidences de Ahmed Ben Bella,
Houari Boumediene et Chadli Bendjedid, indiquent sans cesse
(par les congrès du FLN, les chartes nationales et divers réfé-
rendums) que les mouvements sociaux et culturels ne doivent pas
se transformer en mouvements autonomes, séparés de l'État. Les
différentes demandes qu'ils formulent (droits syndicaux, revendications féminines ou réclamations linguistiques) ne peuvent se
traduire par des expressions politiques incluant une diversité
d'associations. Pluralisme politique et État de droit ne sont pas à
l'ordre du jour. Les interpellations diverses, dans les domaines
publics ou privés, ne peuvent s'exprimer que dans le cadre
d'un régime politique fortement concentré où le parti unique
(et ses différentes « associations de masse ») joue un rôle

d'encadrement et de contrôle, et où l'armée (qui se tient en retrait) est le lieu central de la décision politique effective. Les hautes instances de l'État et du Parti produisent l'« intérêt général » et entendent représenter le corps social tout entier rassemblé. Ce système de pouvoir est incompatible avec l'idée même de parti, y compris le FLN lui-même, ce que souligne l'historien Mohammed Harbi dès 1979 dans son ouvrage *Le FLN, mirage et réalité* : « Le FLN, en tant que mouvement, n'est qu'une façade derrière laquelle se cache le pouvoir d'État. Aucun problème du pays, aucun conflit entre les chefs, n'a été tranché dans le cadre du Parti. La succession du colonel Boumediene au profit du colonel Chadli a été résolue par la hiérarchie militaire dont le congrès n'a fait que ratifier le choix. La réduction du FLN au rôle de caution symbolique résulte à la fois du jeu des contraintes imposées et de la peur de voir s'organiser les classes populaires. Au lendemain de l'indépendance, l'État a absorbé la quasi-totalité des cadres du FLN. » Les oppositions au système se développeront ainsi de l'intérieur du FLN (comme le groupe des « réformateurs » emmenés par Mouloud Hamrouche) et de l'extérieur, portés principalement par les courants berbéristes et, dans un tout autre registre, islamistes. Au milieu des années quatre-vingt, un contexte international accélère la crise économique et sociale du pays : inflation, crise de reproduction du système productif démontrant par là son inefficacité, crise agricole et dépendance alimentaire, chute vertigineuse des cours du pétrole et dévaluation du dollar. Le régime, qui assurait son maintien grâce à une politique redistributive financée essentiellement par la rente pétrolière et la valorisation des hydrocarbures, voit sa légitimité ébranlée surtout auprès de la jeunesse.

À la veille d'octobre 1988, la majorité de la population n'évolue plus dans les cadres de mémoire forgés par la lutte contre la présence coloniale française. La masse des jeunes attendent beaucoup d'un État démiurge qui prétend leur garantir, le plus rapidement possible, l'accès aux biens de consommation, d'éducation, de santé, du logement à l'emploi. Le capital symbolique issu de la guerre de libération nationale s'épuise, sans que des projets d'avenir ne se dessinent. Les jeunes Algériens se détachent progressivement des conditions traumatiques dans lesquelles s'est déroulée la guerre d'indépendance, ainsi que des

séquelles politiques et humaines de plus d'un siècle de colonisation totale. Impatients et de moins en moins soumis à l'idéologie
officielle, ils acceptent difficilement le contrôle politique et social
d'un régime autoritaire en panne de projets mobilisateurs. Mais,
dans le même temps, cette jeunesse reste sous l'emprise d'une
certaine mémoire officielle fabriquée depuis l'indépendance de
1962. Une mémoire transmise, notamment, par l'école et les
manuels scolaires algériens, qui a fait de l'arabo-islamisme porté
par le leader des oulémas (les religieux) Abdel-Hamid Ben Badis
(mort en 1940) l'unique acteur de constitution du nationalisme
algérien. Une mémoire qui a mis au secret les valeurs portées par
Ahmed Messali Hadj ou Ferhat Abbas, pionniers du nationalisme algérien dans l'entre-deux-guerres, celles de république, de
socialisme plébéien, de sécularisation du religieux. Une mémoire
officielle qui a évacué le pluralisme à l'œuvre dans le nationalisme, y compris pendant la guerre, avec les débats et affrontements entre « messalistes », « frontistes », et communistes. Une
mémoire qui a occulté les figures des pères fondateurs du FLN
en Algérie : qui connaissait Mohamed Boudiaf avant son retour
en janvier 1992 ? Une mémoire qui a refoulé la question berbère,
pourtant débattue dans les rangs indépendantistes dans les années
quarante-cinquante. Une mémoire, enfin, qui a valorisé à l'excès
le principe de la lutte armée dans la guerre d'indépendance, au
détriment du facteur politique.

Ce passé tragique, véritable culture de l'oubli entretenue par le
FLN après 1962, engendrera des automatismes redoutables, surtout dans la jeunesse. Bon nombre de protagonistes des années
quatre-vingt-dix rejoueront dans leur conscience un scénario tout
prêt que la mémoire officielle leur a légué : arabo-islamisme, lutte
armée, nationalisme communautaire. Et le drame algérien se
nourrira en partie des mythes forgés dans la guerre d'indépendance. Ce trop-plein d'une mémoire falsifiée apparaît comme un
obstacle à une véritable réappropriation du passé, à la construction d'un nationalisme à base d'esprit républicain et d'islam tolé-
rant. Il interdit aussi une approche du futur : on continue à opposer
le ressourcement identitaire à la modernisation de la nation.

La montée en puissance de la jeunesse dans l'arène sociale, le
rôle nouveau joué par les villes et l'apparition d'une culture citadine, l'accroissement du nombres de diplômés-chômeurs dans

une situation d'arabisation progressive de l'enseignement sont autant de facteurs qui vont déstabiliser les élites politiques traditionnelles. À la fin des années quatre-vingt, placés dans des situations inédites qui ne se réfèrent pas à des points fixes de la mémoire aidant à ajuster les comportements, les individus comme les groupes qui composent la société algérienne ont eu le sentiment de vivre dans l'imprévisible et l'arbitraire. Les « déracinés » font nombre, sans avoir aboli la mémoire de leurs origines ni apaisé l'inquiétude d'une identité à l'épreuve. Débarrassée d'un long passé colonial, l'histoire algérienne des premières décennies après l'indépendance apparaît ainsi comme une grande période de transition.

Dans la construction – et l'attente – d'un autre avenir, cette séquence exaspère le désir d'accéder à de nouvelles satisfactions et à des biens matériels plus nombreux. Dans le même mouvement, on y voit des désillusions, des maux nouveaux, un regain de nostalgie (y compris pour la période coloniale). Beaucoup d'Algériens campent à la lisière d'une « civilisation » conquérante, porteuse d'une modernité qui n'est pas la leur. Et la société se trouve agitée par des fièvres se voulant retour à des racines religieuses ou exaltation de « petites patries ». Alors, les mots de l'enracinement et de la modernité se disent avec violence et une force ravivée. C'est ce qui se produira avec véhémence dans la tragédie des années suivantes, entre 1989 et 2000.

# Notices biographiques

– FERHAT ABBAS. Né en 1899 à Taher, dans le Constantinois, il entre dans la vie publique en rédigeant *Le Jeune Algérien* en 1931 et, en 1943, le *Manifeste du peuple algérien*. Fondateur de l'UDMA (Union démocratique du Manifeste algérien) en 1946 et se qualifiant lui-même de nationaliste modéré, il finit par se rallier au FLN en 1956. Élu au lendemain de l'indépendance président de l'Assemblée constituante, il démissionne en 1963 pour protester contre le rôle excessif du FLN. Mis en résidence surveillée puis libéré en 1965, il rédige en 1976 une protestation contre le régime de Houari Boumediene. Il meurt en 1985, un an après la publication de son dernier ouvrage, *L'Indépendance confisquée*.

– BELAÏD ABDESSELAM. Né en 1928 à Aïn Kebira dans l'Algérois, il est coopté au comité central du PPA-MTLD en 1953 après avoir dirigé l'Association des étudiants nationalistes. Il devient, après l'indépendance, le premier président de la Société nationale des hydrocarbures (Sonatrach), puis, après le coup d'État de Boumediene, ministre de l'Industrie et de l'Énergie de 1965 à 1977, et ministre des Industries légères jusqu'en mars 1979. Il a donc la haute main, pendant quatorze ans, sur toute la politique industrielle. Écarté du pouvoir après l'arrivée de Chadli Bendjedid, il est appelé, le 8 juillet 1992, à diriger le gouvernement, après une longue traversée du désert. Il est écarté de son poste le 21 août 1993.

– Hocine Aït Ahmed. Né en 1926 à Ain-el-Hammam en Grande Kabylie, il adhère très jeune au PPA-MTLD et dirige en 1947 l'Organisation spéciale, la branche armée du parti. Il est l'un des « chefs historiques » qui prépara le 1er novembre 1954. Membre du Conseil national de la révolution algérienne (CNRA) depuis le congrès de la Soummam, il est arrêté en octobre 1956. Il s'oppose à Ben Bella après l'indépendance et crée le Front des forces socialistes le 29 septembre 1963. Arrêté, condamné à mort, il s'évade en 1966 et vit en exil. Il rentre en 1989 en Algérie où il réactive le FFS, et s'oppose à l'interruption du processus électoral de décembre 1991.

– Abdallah Belhouchet. Né en 1923, il s'engage en 1945 dans l'armée française, qu'il déserte en 1956 pour rejoindre l'ALN. Membre du Conseil de la révolution issu du coup d'État du 19 juin 1965, il commande la 1re région militaire (Algérois) de 1968 à 1979. Promu général-major, grade le plus élevé dans l'ANP, le 29 octobre 1984, c'est à lui que revient la lourde tâche de superviser l'état d'urgence lors des émeutes d'octobre 1988. Il est mis à la retraite le 9 juillet 1989.

– Aboubakr Belkaïd. Né en 1934, il milite au sein de la Fédération de France du FLN, chargé du soutien aux détenus. Il participe à la création du Parti de la révolution socialiste (PRS) lancé par M. Boudiaf en 1962. Arrêté en 1964, puis libéré, il revient sur la scène publique dans les années soixante-dix. Il fait son entrée au gouvernement le 22 janvier 1984 en qualité de vice-ministre de la Construction. Il passe à l'Intérieur et à l'Environnement dans le gouvernement Merbah, en 1988, et a en charge les relations avec le Parlement et les associations dans le gouvernement de Sid Ahmed Ghozali en 1991, puis devient ministre de la Culture et de la Communication.

– Larbi Belkheir. Né en 1938 dans la région de Tiaret, il est élevé au grade de général le 15 juillet 1985 par Chadli Bendjedid dont il est un ami très proche. Secrétaire général de la présidence de la République à partir du 15 août 1985, il est nommé le 16 octobre 1991 ministre de l'Intérieur et des collectivités locales pour préparer les élections législatives.

– Ahmed Ben Bella. Né en 1916 à Marnia, en Oranie, il adhère en 1945 au PPA-MTLD, dont il deviendra rapidement l'un des dirigeants. Il dirige l'Organisation spéciale, la branche armée du parti, en 1949. Arrêté par les autorités françaises en 1956 et libéré en 1962, il est élu la même année président de la République algérienne démocratique et populaire. Destitué le 19 juin 1965, emprisonné puis assigné à résidence, il est définitivement libéré en 1980. Il fonde le Mouvement pour la démocratie en Algérie (MDA) et vit en exil. Il rentre en Algérie le 29 septembre 1990. En 1993, il prône la « réconciliation nationale » entre les Algériens.

– CHADLI BENDJEDID. Né en 1929 à Bouteldja près d'Annaba, sous-officier de l'armée française, il rallie l'ALN en 1955. Il se range derrière Boumediene dans la crise du GPRA en 1962, devient membre du Conseil de la révolution en 1965. Choisi par l'armée pour succéder à Boumediene comme étant l'officier le plus ancien dans le grade le plus élevé, il est élu président de la République le 7 février 1979. Après les émeutes d'octobre 1988, il met fin au règne du parti unique en faisant adopter par référendum une nouvelle Constitution, le 23 février 1989. Il est écarté du pouvoir par l'armée en janvier 1992.

– MOHAMED BOUDIAF. Né en 1919 à M'Sila dans le Hodna, il adhère au PPA en 1945. En mars 1954, il participe à la fondation du Comité révolutionnaire qui donnera naissance au FLN. Arrêté par les autorités françaises en 1956, libéré en 1962, il entre rapidement en conflit avec Ahmed Ben Bella et, après un bref emprisonnement en 1963, choisit l'exil. Il fonde, dès septembre 1962, le premier parti clairement distinct du FLN, le Parti de la révolution socialiste (PRS). Il rentre de son exil au Maroc le 16 janvier 1992, et préside le Haut Comité d'État mis en place à la suite de la destitution de Chadli Bendjedid par l'armée. Il est assassiné à Annaba le 29 juin 1992.

– MUSTAPHA BOUYALI. Né en 1940 à Draria, il est un combattant de l'ALN qui milite au FLN après l'indépendance. Il travaille à la Société nationale de l'électricité et du gaz lorsqu'il commence ses activités politiques contre le pouvoir algérien à la fin des années soixante-dix. Il entre dans la clandestinité après l'assassinat de son frère par la police en avril 1982, et anime un maquis dans les environs d'Alger. En avril 1985, 135 membres de son groupe passent devant la Cour de sûreté de l'État (30 sont condamnés). Il multiplie en 1986 les accrochages et les coups de main contre les forces de police. Mustapha Bouyali est abattu le

3 janvier 1987. Sa mort marque la fin de la première tentative de prise de pouvoir islamique par les armes.

– HOUARI BOUMEDIENE. Né en 1932 à Héliopolis près de Guelma, il rejoint le maquis de l'ALN à partir de 1955. Ses responsabilités seront pendant la guerre de plus en plus importantes puisqu'il dirige l'état-major général de l'ALN. Ministre de la Défense et vice-président du Conseil de 1962 à 1965, il organise le coup d'État du 19 juin 1965. Nommé président du Conseil de la révolution le 5 juillet 1965, il devient président de la République algérienne de 1965 et le reste jusqu'à sa mort, en 1978.

– SID AHMED GHOZALI. Né en 1937 à Tighenif dans l'Ouest algérien, il est successivement membre de la Fédération de France du FLN, sous-secrétaire d'État aux Travaux publics en 1964 sous Ben Bella, puis est nommé à la tête de la Sonatrach en 1966. Il cumule ces fonctions avec celles de ministre de l'Énergie et des Industries pétrochimiques de 1977 à 1979. Écarté du pouvoir en 1979, il est nommé ministre des Finances en novembre 1988, puis Premier ministre de juin 1991 à juillet 1992. Il est ensuite brièvement ambassadeur d'Algérie en France.

– MOULOUD HAMROUCHE. Né en 1943 à Constantine, lieutenant-colonel de l'ANP après avoir été officier de l'ALN qu'il a rejointe en 1958, il est nommé en 1979 chef du protocole à la présidence de la République. Il devient chef du gouvernement le 9 septembre 1989 et se heurte à la « vieille garde » du FLN. L'armée arbitre en sa défaveur. Il quitte le pouvoir le 5 juin 1991.

– ALI KAFI. Né en 1928 à El Harrouch, dans le Constantinois, il adhère très jeune au PPA. Membre du FLN, il gagne le maquis dès 1954. Ambassadeur au Caire en 1961, en Syrie en 1962, au Liban en 1965, en Libye en 1967, en Tunisie en 1975, il est nommé membre du Comité central du FLN en 1979. Ali Kafi est élu le 11 novembre 1990 secrétaire général de la puissante Organisation nationale des moudjahidines (ONM). Il remplace Mohamed Boudiaf à la tête du Haut Comité d'État (HCE) de juillet 1992 à janvier 1994.

– REDHA MALEK. Né à Batna en 1929, il est membre fondateur de l'UGEMA (Union générale des musulmans algériens) et directeur du journal *El Moudjahid* pendant la guerre d'indépendance. Il occupe le poste de ministre de l'Information et de la Culture entre 1977 et 1979, puis celui de ministre des Affaires étrangères, à partir de février 1993, en remplacement de Lakhdar Brahimi. Il avait été désigné comme cinquième membre du HCE après l'assassinat de Mohamed Boudiaf en juin 1992. Il est nommé Premier ministre le 21 août 1993 et reconduit à son poste en février 1994.

– ALI MECILI. Né en 1940, il déserte l'armée française pour rejoindre la wilaya IV de l'ALN. Il fonde, avec Hocine Aït Ahmed, le Front des forces socialistes (FFS) en 1963. Opposant convaincu au régime militaire, il choisit l'exil en 1965. Directeur du journal *Libre Algérie*, Ali Mecili, avocat, est assassiné le 7 avril 1987 à Paris, très vraisemblablement par des hommes de la Sécurité militaire algérienne.

– KASDI MERBAH. De son vrai nom Abdallah Khalef, il est né en 1938 à Beni-Yenni en Grande Kabylie. Faisant partie de la promotion d'officiers formés à Moscou pendant la lutte contre les Français, il participe aux négociations d'Évian. Après avoir dirigé la Sécurité militaire de 1962 à 1979, il devient vice-ministre de la Défense, puis ministre de l'Industrie lourde jusqu'en 1984. Il se voit ensuite confier le ministère de l'Agriculture et de la Pêche, puis celui de la Santé. Désigné à la tête du gouvernement en novembre 1988, il est écarté l'année suivante, passe dans l'opposition et crée le MADJ (Mouvement algérien pour la justice et la démocratie). Il est assassiné le 21 août 1993.

– MIMOUNI RACHID. Né le 20 novembre 1945 à Boudouaou (Alma), à 30 km à l'est d'Alger, il est généralement considéré comme l'un des principaux écrivains de l'Algérie des années quatre-vingt. Issu d'une famille de paysans pauvres, il entreprend des études secondaires à Rouiba, et supérieures à Alger. Il obtient sa licence de sciences en 1968. Il complète sa formation par deux années d'études à Montréal puis enseigne à l'Institut national de la production et du développement. Il publie son premier roman en Algérie en 1978, *Le Printemps n'en sera que plus beau*, et connaît un grand succès avec *Le Fleuve détourné* qui paraît en France en 1982. *Tombéza* en 1984, puis *L'Honneur de la tribu* en 1989 le consacrent comme un écrivain algérien majeur. Il s'exile à Tanger en 1993, et décède à Paris en février 1995.

– KHALED NEZZAR. Né à Batna en 1938, il déserte l'armée française en 1958 pour rejoindre l'ALN. Diplômé de l'Académie militaire de Frounzé en URSS, il est promu colonel en 1979, puis placé à la tête de la V$^e$ région militaire en 1982. Le 22 novembre 1986, il prend le commandement des forces terrestres, puis, le 5 juillet 1990 est promu général-major, le grade le plus élevé de l'armée algérienne. Ministre de la Défense, il fait partie du HCE (Haut Comité d'État) en janvier 1992. Il quitte ses fonctions de ministre de la Défense nationale le 10 juillet 1993, tout en restant membre du HCE.

– AHMED TALEB-IBRAHIMI. Né en 1932 à Sétif, il est le fils du *cheikh* Bachir Brahimi, ancien président de l'Association des oulémas algériens. Élu président lors du congrès constitutif de l'UGEMA (Union générale des étudiants musulmans algériens) en juillet 1955, il est arrêté par les autorités françaises en 1957. Tenu à l'écart par le régime benbelliste, il est nommé par le colonel Boumediene ministre de l'Éducation nationale en 1965, puis sera ministre de l'Information et de la Culture de 1970 à 1977. Il exerce à cette époque une grande influence dans la définition des thèmes idéologiques du pouvoir (arabisation de l'enseignement, islamité). Chadli Bendjedid lui confie la direction de la diplomatie le 8 mai 1982. Il perd son poste ministériel après les émeutes d'octobre 1988.

# Bibliographie

Une liste des travaux pouvant être utiles à l'étude de l'Algérie de 1962 à 1988 constituerait presque un livre à elle seule. Cette bibliographie se limite donc à citer les principaux ouvrages, articles et revues, publiés en français, sur lesquels cette histoire très contemporaine se trouve directement fondée.

## 1. 100 livres sur l'Algérie indépendante

[1] ABDI N., BLIN C., REDJALA R. et STORA B., *200 hommes de pouvoir en Algérie*, Indigo, Paris, 1992.

[2] ABID C., *Les Collectivités locales en Algérie (APW-APC)*, OPU, Alger, 1986.

[3] ACHOUR C., *Abécédaires en devenir. Idéologie coloniale et langue française*, ENAP, Alger, 1985.

[4] ADDI L., *L'Impasse du populisme. L'Algérie, collectivité politique et État en construction*, ENAL, Alger, 1990.

[5] AGERON C.-R., *Histoire de l'Algérie contemporaine*, PUF, Paris, 1979.

[6] AïT AHMED, *L'Affaire Mecili*, La Découverte, Paris, 1989.

[7] AKKACHE A., *Capitaux étrangers et libération économique. L'expérience algérienne*, Maspero, Paris, 1971.

[8] AMMOUR K., LEUCATE C. et MOULIN J.-J., *La Voie algérienne. Les contradictions d'un développement national*, Maspero, Paris, 1974.

[9] ASSIDON E., *Sahara occidental, un enjeu pour le Nord-Ouest africain*, Maspero, Paris, 1978.

[10] BALTA P. et RULLEAU C., *La Stratégie de Boumediene*, Sindbad, Paris, 1978.

[11] BALTA P., DUTEIL M. et RULLEAU C., *L'Algérie des Algériens vingt ans après*, Éd. Ouvrières, Paris, 1981.

[12] BALTA P., en coll. avec C. Rulleau, *Le Grand Maghreb. Des indépendances à l'an 2000*, La Découverte, Paris, 1990.

[13] BARBIER M., *Le Conflit du Sahara occidental*, L'Harmattan, Paris, 1982.

[14] BEDRANI S., *L'Agriculture algérienne depuis 1967*, Economica, Paris, 1981.

[15] BENACHENHOU A., *Formation du sous-développement en Algérie*, Imprimerie commerciale, Alger, 1978.

[16] BENACHENHOU A., *Planification et développement en Algérie*, Imprimerie commerciale, Alger, 1980.

[17] BENAMRANE D., *Agriculture et développement en Algérie*, SNED, Alger, 1980.

[18] BENAMRANE D., *La Crise de l'habitat*, SNED-CREA, Alger, 1980.

[19] BENHOURIA T., *L'Économie de l'Algérie*, Maspero, Paris, 1980.

[20] BENISSAD M.E., *Économie du développement de l'Algérie, 1962-1978*, OPU, Alger, 1979.

[21] BENSALAH I., *La République algérienne*, LGDJ, Paris, 1979.

[22] BENYAHIA M., *La Conjuration au pouvoir*, Arcantère, Paris, 1988.

[23] BLIN L., *L'Algérie, du Sahara au Sahel*, L'Harmattan, Paris, 1990.

[24] BOUDJEDRA R., *Naissance du cinéma algérien*, Maspero, Paris, 1971.

[25] BOURDIEU P. et SAYAD A., *Travail et travailleurs en Algérie*, Mouton, Paris/La Haye, 1963.

[26] BOURDIEU P. et SAYAD A., *Le Déracinement. La crise de l'agriculture traditionnelle en Algérie*, EHESS, Paris, 1964 ; Minuit, Paris, 1977.

[27] BOURGES H., *L'Algérie à l'épreuve du pouvoir*, Grasset, Paris, 1967.

[28] BOUSSOUMAH M., *L'Entreprise socialiste en Algérie*, Economica, Paris, 1982.

[29] BOUZAR W., *La Culture en question*, SNED-Silex, Alger, 1982.

[30] BRAHIMI B., *Le Pouvoir, la Presse et les Intellectuels en Algérie*, L'Harmattan, Paris, 1990.

[31] BURGAT F. et NANCY M., *Les Villages socialistes de la réforme agraire algérienne*, Éd. CNRS, Paris, 1984.

[32] BURGAT F., *L'Islamisme au Maghreb, la voix du Sud*, Karthala, Paris, 1988.

[33] CHAREF A., *Octobre*, Laphomic, Alger, 1990.

[34] COMITÉ CONTRE LA RÉPRESSION EN ALGÉRIE, *Au nom du peuple*, Imedyazen, Paris, 1986.

[35] COSTA LASCOUX J. et TEMIME E. (sous la direction de), *Les Algériens en France. Genèse et devenir d'une migration*, Publisud, Paris, 1985.

[36] COTE M., *L'Espace algérien. Les prémices d'un aménagement*, OPU, Alger, 1983.

[37] CUBERTAFOND B., *La République algérienne démocratique et populaire*, PUF, Paris, 1979.

[38] DAHMANI M., *L'Algérie, légitimité historique et continuité politique*, Le Sycomore, Paris, 1979.

[39] DEHEUVELS L.W., *Islam et pensée contemporaine en Algérie*, CNRS, Paris, 1992.

[40] DEJEUX J., *Situation de la littérature maghrébine de langue française*, OPU, Alger, 1982.

[41] DEJEUX J., *Maghreb, littérature de langue française*, Arcantère, Paris, 1993.

[42] DERSA, *L'Algérie en débat*, Maspero, Paris, 1981.

[43] DJEGHLOUL A., *Huit études sur l'Algérie*, ENAL, Alger, 1986.

[44] DUPRAT G., *Révolution et autogestion rurale en Algérie*, A. Colin, Paris, 1973.

[45] DURAND J.-P. et TENGOUR H., *L'Algérie et ses populations*, Complexe, Bruxelles, 1982.

[46] ECREMENT M., *Indépendance politique et libération économique : un quart de siècle du développement de l'Algérie, 1962 à 1985*, PUG/OPU, Grenoble/Alger, 1986.

[47] EL KENZ A., *Le Complexe sidérurgique d'El Hadjar. Une expérience industrielle en Algérie*, CNRS, Paris, 1987.

[48] EL KENZ A. (sous la direction de), *L'Algérie et la modernité*, Codesria, Dakar, 1989.

[49] ÉTIENNE B., *Algérie, cultures et révolution*, Seuil, Paris, 1979.

[50] ÉTIENNE B., *L'Islamisme radical*, Hachette, Paris, 1987.

[51] FLN, *Charte nationale*, Éditions populaires de l'armée, Alger, 1976.

[52] FONTAINE J., *Villages kabyles et nouveau réseau urbain en Algérie*, Urbama, Tours, 1983.

[53] FRANCOS A. et SERINI J.-P., *Un Algérien nommé Boumediene*, Stock, Paris, 1976.

[54] GADANT M., *Islam et nationalisme en Algérie*, L'Harmattan, Paris, 1988.

[55] GALLISSOT R., *Maghreb-Algérie, classes et nation*, Arcantère, Paris, 1988.

[56] GILLETTE A. et SAYAD A., *L'Immigration algérienne en France*, Éd. Entente, Paris, 1984.

[57] GLASMAN D. et KREMER J., *Essai sur l'université et les cadres en Algérie*, Éd. CNRS, Paris, 1978.

[58] GRIMAUD N., *La Politique extérieure de l'Algérie*, Karthala, Paris, 1984.

[59] HADDAD M. et KHENNICHE T., *L'École en milieu rural*, CNRS-CREA, Alger, 1981.

[60] HAMOUMOU M., *Et ils sont devenus harkis*, Fayard, Paris, 1993.

[61] HARBI M., *L'Algérie et son destin. Croyants ou citoyens*, Arcantère, Paris, 1993.

[62] JACQUEMOT P. et RAFOT M., *Le Capitalisme d'État algérien*, Maspero, Paris, 1977.

[63] JEANSON F., *Algéries. De retour en retour*, Seuil, Paris, 1991.

[64] KHODJA S., *Les Algériennes du quotidien*, ENAL, Alger, 1985.

[65] KHODJA S., *A comme Algériennes. Essai de sociologie politique de la famille*, ENAL, Alger, 1991.

[66] KOROGHLI A., *Institutions politiques et développement en Algérie*, L'Harmattan, Paris, 1989.

[67] KOULTCHIZKI S., *L'Autogestion, l'homme et l'État. L'expérience algérienne*, Mouton, Paris/La Haye, 1974.

[68] LACHERAF M., *Algérie, nation et société*, Maspero, Paris, 1965.

[69] LACOSTE Y. et C. (sous la direction de), *L'état du Maghreb*, La Découverte, coll. « L'état du monde », Paris, 1991.

[70] LAKEHAL M. (sous la direction de), *Algérie : de*

*l'indépendance à l'état d'urgence*, L'Harmattan, Paris, 1992.

[71] LAKS M., *Autogestion ouvrière et pouvoir politique en Algérie (1962-1965)*, EDI, Paris, 1970.

[72] LAMCHICHI A., *Islam et contestation au Maghreb*, L'Harmattan, Paris, 1990.

[73] LAMCHICHI A., *L'Algérie en crise*, L'Harmattan, Paris, 1991.

[74] LECA J. et VATIN J.-C., *L'Algérie politique. Institutions et régime*, FNSP, Paris, 1975.

[75] LECA J. et VATIN J.-C., « Le système politique algérien : idéologie, institutions et changement social », *in Annuaire de l'Afrique du Nord*, CRESM/CNRS, Paris/Aix, 1977.

[76] LEVEAU R., *Le Sabre et le Turban. L'avenir du Maghreb*, F. Bourin, Paris, 1993.

[77] MAHERZI L., *Le Cinéma algérien*, SNED, Alger, 1979.

[78] MALEK R., *Tradition et révolution*, Bouchene, Alger, 1991.

[79] MASCHINO M. et M'RABET F., *L'Algérie des illusions, la révolution confisquée*, Laffont, Paris, 1972.

[80] MINCES J., *L'Algérie de la Révolution, 1963-1964*, L'Harmattan, Paris, 1988.

[81] M'RABET F., *La Femme algérienne*, suivie de *Les Algériennes*, Maspero, Paris, 1979.

[82] MUTIN G., *La Mitidja, décolonisation et espace géographique*, CNRS/OPU, Paris, Alger, 1977.

[83] NAUDY M., *Un crime d'État, l'affaire Mecili*, Albin Michel, Paris, 1993.

[84] PENNEF J., *Les Industriels algériens*, CNRS, Paris, 1981.

[85] RAHMANI C., *La Croissance urbaine en Algérie*, OPU, Alger, 1982.

[86] REDJALA R., *L'Opposition en Algérie depuis 1962. Le FFS, le PRS*, L'Harmattan, Paris, 1988.

[87] SANSON H., *La Laïcité islamique en Algérie*, CRESM/CNRS, Paris, 1983.

[88] SARI D., *L'Homme et érosion dans l'Ouarsenis*, SNED, Alger, 1977.

[89] SEMMOUD B., *Industrialisation, espace et société en Oranie*, CDSH, Oran, 1982.

[90] SIGAUD D., *La Fracture algérienne*, Calmann-Lévy, Paris, 1991.

[91] STORA B., *La Gangrène et l'Oubli*, La Découverte, Paris, 1991.

[92] STORA B., *Ils venaient d'Algérie. L'immigration algérienne en France, 1912-1992*, Fayard, Paris, 1992.

[93] TALEB-IBRAHIMI A., *De la décolonisation à la révolution naturelle*, SNED, Alger, 1973.

[94] TEILLAC J., *Autogestion en Algérie*, Peyronnet, Paris, 1965.

[95] THIERY S.-P., *La Crise du système productif algérien*, IREP, Grenoble, 1982.

[96] TRIDI R., *L'Algérie en quelques maux, ou l'autopsie d'une anomie*, L'Harmattan, Paris, 1992.

[97] VANDEVELDE H., *Femmes algériennes à travers la condition féminine dans le Constantinois depuis l'indépendance*, OPU, Alger, 1980.

[98] VILLERS G. DE, *L'État démiurge. Le cas algérien*, L'Harmattan, Paris, 1987.

[99] WEISS F., *Doctrine et action syndicales en Algérie*, Éd. Cujas, Paris, 1970.

[100] YEFSAH A., *Le Processus de légitimation du pouvoir militaire et de la construction de l'État en Algérie*, Anthropos, Paris, 1982.

## 2. Articles

[101] BURGAT F., « L'islamisme au Maghreb », *Les Temps modernes*, n° 501, mars 1988.

[102] CHIKHI S., « L'ouvrier, la vie et le prince », *in L'Algérie et la Modernité*, Codesria, Dakar, 1989.

[103] COLONNA F., « La ville au village », *Revue française de sociologie*, XIX, 1978.

[104] COTE M., « Campagnes méditerranéennes », *Méditerranée, revue géographique des pays méditerranéens*, vol. 55, n° 3, 1985.

[105] DESTANNE DE BERNIS G., « Industries industrialisantes et contour d'une politique d'intégration régionale », *Économie appliquée*, n° 34, 1966, p. 419.

[106] DESTANNE DE BERNIS G., « Les industries industrialisantes et les options algériennes », *in Revue Tiers-Monde*, juillet-septembre 1969.

[107] DJEGHLOUL A., « Algérie », *in Encyclopaedia universalis*, Paris, 1989.

[108] GAYDON-ARVICUS A., « Industrialisation et organisation spatiale dans l'Algérois », *Cahiers de l'aménagement de l'espace*, OPU, Alger, 1980.

[109] HAMEL B. et KADDAR N., « Industrialisation, salarisation et mise au travail en Algérie », *Cahiers de l'IREP*, Oran, 1985.

[110] LECA J. et VATIN J.-C., « Algérie, évolution politique depuis 1954 », *in Encyclopaedia universalis*, 1984.

[111] LECA J., « État et société en Algérie », *in* B. KODMANI-DARWISH (dir.), *Maghreb, les années de transition*, IFRI/Masson, Paris, 1990.

[112] LIABES D., « L'entreprise entre économie politique et société », *in L'Algérie et la Modernité* (dir. A. EL KENZ), Codesria, Dakar, 1989.

[113] NAIR-SAMI K., « Algérie, 1954-1982, forces sociales et blocs au pouvoir », *Les Temps modernes*, n° 432/433, juillet-août 1982.

[114] PALLOIX C., « Industrialisation et financement lors des deux plans quadriennaux », *Tiers-Monde*, tome XXI, n° 83, juillet-septembre 1980.

[115] PALLOIX C., « Rapport salarial et tension sur l'économique », CRMSI, Paris, 1983.

[116] PRENANT A., « La propriété foncière des citadins dans les régions de Tlemcen et Sidi Bel Abbes », *Annales algériennes de géographie*, n° 3, 1967.

[117] RAFOT M., « Un développement à marche forcée », *Le Monde diplomatique*, novembre 1982.

[118] SAADI N., « Syndicat et relations du travail dans les entreprises socialistes en Algérie », *in Annuaire de l'Afrique du Nord*, 1982.

[119] TOUATI H., « La rue, le prolétaire et l'atelier en Algérie », *in Annuaire de l'Afrique du Nord*, 1982.

### 3. Numéros spéciaux de revues sur l'Algérie

Outre l'*Annuaire de l'Afrique du Nord* publié par l'IREMAM/ CNRS (Aix-en-Provence/Paris) :

[120] *Actualité de l'émigration*, « L'Algérie, 25 ans après », n° 97, Paris, 1987.

[121] *Autrement*, « Algérie, 20 ans », n° 38 (numéro spécial), Seuil, Paris, 1982 ; « Les enfants de l'indépendance », Paris, 1992.

[122] *Awal, cahiers d'études berbères*, Alger/Paris.

[123] *Maghreb-Machrek* (trim.), La Documentation française, Paris.

[124] *Méditerranéens*, « Algérie », sous la direction de Kenneth BROWN, n° 4, 1993.

[125] *Paris-Plus*, « L'Algérie, aujourd'hui, 1962-1992 », 1992.

[126] *Peuples méditerranéens*, « Algérie, vers l'État islamique ? », Paris, n°s 52-53, 1990.

[127] *Revue algérienne des sciences juridiques, économiques et politiques*, « Spécial 20e anniversaire », Alger, 1982.

[128] *Revue du monde musulman et de la Méditerranée*, « L'Algérie incertaine » (sous la direction de P.R. BADUEL), Édisud, Aix-en-Provence, 1993.

[129] *Sou'al*, « L'Algérie, vingt-cinq ans après », Paris, 1987.

[130] *Tafsut*, « Qu'est-ce que le mouvement culturel berbère ? », Tizi-Ouzou, décembre 1983.

[131] *Les Temps modernes*, « Algérie, espoirs et réalités », n° 432-433, juillet-août 1982.

# Chronologie de l'Algérie contemporaine (1962-1988)

## 1962

*18 mars* : signature des accords d'Évian. Le lendemain intervient un cessez-le-feu en Algérie.

*7 juin* : adoption du « programme de Tripoli » par le CNRA.

*1ᵉʳ juillet* : référendum en Algérie : les accords consacrant l'accession de l'Algérie à l'indépendance sont adoptés.

*3 juillet* : proclamation de l'indépendance de l'Algérie. Arrivée du GPRA à Alger.

*4 juillet* : exécutions et enlèvements de pieds-noirs à Oran.

*22 juillet* : luttes intestines dans l'Algérie indépendante. Ahmed Ben Bella et ses amis annoncent à Tlemcen la formation d'un « Bureau politique ».

*25 juillet* : occupation de Constantine par le « groupe de Tlemcen », et déclaration de Mohamed Boudiaf « contre le coup d'État ».

*9 septembre* : l'Armée nationale populaire (ANP) commandée par le colonel Houari Boumediene fait son entrée à Alger.

*20 septembre* : élection d'une Assemblée constituante algérienne.

*27 septembre* : Mohamed Boudiaf, « l'un des chefs historique du FLN », crée le Parti de la révolution socialiste (PRS).

*29 novembre* : le Parti communiste algérien est interdit.

*Décembre* : massacre des harkis.

## 1963

*17 janvier* : ouverture du Iᵉʳ congrès de l'UGTA.

*29 mars* : A. Ben Bella présente le décret portant organisation et gestion des entreprises, ainsi que des exploitations agricoles vacantes (décrets sur l'« autogestion »).

*16 avril* : Mohamed Khider démissionne de son poste de secrétaire général du FLN. A. Ben Bella lui succède.

*14 août* : Ferhat Abbas démissionne de la présidence de l'Assemblée algérienne.

*8 septembre* : par référendum la Constitution algérienne est approuvée. Instauration du régime du parti unique.

*29 septembre* : en Kabylie, entrée en résistance d'Hocine Aït Ahmed et de Mohand ou el-Hadj contre Ben Bella. Hocine Aït Ahmed crée le Front des forces socialistes (FFS).

*5 novembre* : cessez-le-feu et fin de la « guerre des sables » avec le Maroc (elle avait débuté le 8 octobre).

## 1964

*16 avril* : la réunion du I^er^ congrès du FLN adopte la « charte d'Alger ».

*15 juin* : retrait des troupes françaises d'Algérie ; il n'en reste qu'à Mers-el-Kebir et au Sahara.

*Août* : Mohamed Khider annonce officiellement son opposition à Ben Bella, et garde les « fonds secrets du FLN ».

*17 octobre* : Hocine Aït Ahmed, leader du FFS, est arrêté en Kabylie.

## 1965

*19 juin* : un Conseil de la révolution, dirigé par Houari Boumediene, démet Ahmed Ben Bella et déclare assumer tous les pouvoirs.

## 1966

*5 février* : élections municipales aux assemblées populaires communales (APC).

*Juin* : le film *La Bataille d'Alger*, de Gillo Pontecorvo, obtient le Lion d'or à la Mostra de Venise. Le film est interdit en France.

## 1967

*4 janvier* : assassinat à Madrid de Mohamed Khider.

*15 décembre* : le président Houari Boumediene destitue le colonel Tahar Zbiri, chef d'état-major entré en dissidence, et assure désormais le commandement de l'Armée nationale populaire.

## 1968

*Janvier* : la base de Mers-el-Kebir, dont l'armée française avait obtenu l'usage jusqu'en 1977, est évacuée pour des raisons financières.

*20 mai* : nationalisation des secteurs de construction mécanique, engrais, métallurgie.

*12 juin* : nationalisation des secteurs de la chimie, mécanique, ciment et alimentation.

*27 décembre* : les gouvernements français et algérien signent un accord portant le contingent annuel des travailleurs algériens, candidats à un emploi en France, à 35 000 pour une période de trois ans.

## 1969

*15 janvier* : traité d'Ifrane qui établit des rapports de bon voisinage entre l'Algérie, le Maroc et la Mauritanie.

*23 mars* : adoption de la charte de wilaya.

## 1970

*20 octobre* : Krim Belkacem, un des « chefs historiques » du FLN, est découvert étranglé dans un hôtel de Francfort.

*2 novembre* : promulgation du statut des coopératives agricoles.

## 1971

*15 janvier* : dissolution de l'Union nationale des étudiants algériens (UNEA).

*24 février* : nationalisations des pipelines, du gaz naturel et de 51 % des avoirs des sociétés pétrolières françaises (ELF et CFP).

*8 novembre* : promulgation de l'ordonnance portant sur la révolution agraire et la charte de la révolution agraire.

*16 novembre* : promulgation de l'ordonnance portant sur la charte de la gestion socialiste des entreprises (GSE).

## 1973

*4 septembre* : annonce de l'assassinat du poète pied-noir Jean Senac qui vivait à Alger depuis l'indépendance.

*9 septembre* : le quatrième sommet des pays non alignés se réunit à Alger. L'Algérie établit un « cahier de doléances » du tiers monde contre l'attitude des pays du Nord.

*19 septembre* : le gouvernement algérien décide la suspension unilatérale de l'émigration vers la France.

*Octobre* : guerre israélo-arabe. L'Algérie est coorganisatrice de l'embargo qui aboutit au premier « choc pétrolier ». Forte augmentation des recettes des hydrocarbures.

## 1974

*Avril* : à l'ONU, Boumediene prône un « nouvel ordre économique international ».

*3 juin* : mort du leader nationaliste Messali Hadj. Le 7 juin, plus de 20 000 personnes participent à son enterrement à Tlemcen.

*14 août* : lancement du projet « Barrage vert » visant à empêcher l'avancée du désert saharien.

## 1975

*10 avril* : pour la première fois, un chef d'État français, Valéry Giscard d'Estaing, se rend en visite dans l'Algérie indépendante.

*Mai* : le film de Mohamed Lakhdar-Hamina, *Chronique des années de braise*, obtient la Palme d'or au festival de Cannes.

## 1976

*27 février* : le Front Polisario proclame la « République arabe sahraouie démocratique », avec l'appui de l'Algérie. Le 7 mars les relations avec Rabat sont rompues.

*9 mars* : quatre anciens dirigeants du FLN pendant la guerre, Ferhat Abbas, Benyoussef Benkhedda, Cheikh Kheirredine et Hocine Lahouel, lancent un appel public en Algérie contre la politique menée par Boumediene.

*27 juin* : référendum sur la Charte nationale.

*19 novembre* : la Constitution algérienne est approuvée par référendum (99 % de « oui »).

*10 décembre* : Houari Boumediene est élu président de la République.

## 1977

*25 février* : élection de l'Assemblée populaire nationale.

## 1978

*27 décembre* : décès de Houari Boumediene, après six semaines de coma. Rabah Bitat assume l'intérim à la tête de l'État.

## 1979

*7 février* : le colonel Chadli Bendjedid, candidat unique du FLN, est désigné président de la République.

*20 mars* : suppression de l'autorisation de sortie du territoire instituée pour les citoyens algériens depuis le 5 juin 1967.

*4 décembre* : grèves et manifestations des étudiants arabisants. Ils demandent l'arabisation de l'administration et la création de postes.

## 1980

*2 janvier* : le comité central du FLN encourage l'accession des familles à la propriété privée.

*20 avril* : à Tizi-Ouzou, trois jours d'émeute suivent l'expulsion des enseignants et étudiants de l'université, occupée le 7 avril (à la suite de l'interdiction d'une conférence de l'écrivain Mouloud Mammeri). Les insurgés réclament la reconnaissance de la culture berbère en Algérie.

*15-19 juin* : un congrès extraordinaire du FLN adopte une résolution sur la généralisation de la langue arabe et des nouveaux statuts du Parti excluant des postes de responsabilité les non-militants du FLN dans les « organisations de masse » (article 120).

*10 octobre* : un tremblement de terre détruit la ville d'El-Asnam. Plusieurs milliers de victimes.

*30 octobre* : levée des « mesures particulières » prises à l'encontre de l'ex-président Ahmed Ben Bella et du colonel Tahar Zbiri.

*24 décembre* : 4e session du comité central, obligation aux « cadres des organisations de masse » et aux membres des assemblées d'adhérer au FLN.

## 1981

*8 avril* : Ier congrès de l'Union des juristes algériens ; algérianisation des textes législatifs, utilisation de la langue arabe au sein de l'administration.

*19 mai* : affrontements entre activistes islamistes et forces de l'ordre à l'université d'Alger et d'Annaba.

*10 novembre* : rassemblement de femmes devant l'Assemblée nationale pour dénoncer un projet de code de la famille.

*30 novembre* : François Mitterrand, en visite à Alger, propose que les rapports franco-algériens soient un « symbole des relations nouvelles entre le Nord et le Sud ».

## 1982

*3 février* : la signature de l'accord franco-algérien sur le gaz inaugure un « nouveau type de coopération » entre les deux pays (l'Algérie et la France).

*2 novembre* : incidents violents à la cité universitaire Ben Aknoun entre « progressistes » et « islamistes ».

*11 décembre* : arrestation de 23 activistes islamistes.

## 1983

*26 février* : rencontre Chadli-Hassan II et réouverture de la frontière algéro-marocaine.

*6 août* : décret portant sur l'organisation des études à l'École nationale de Meftah pour la formation des cadres du culte.

*Octobre-décembre* : des milliers de personnes sont expulsées des bidonvilles d'Alger et renvoyées à l'intérieur du pays.

*16 décembre* : création de 17 nouvelles wilayates et 836 communes.

## 1984

*12 janvier* : réélection du président Chadli Bendjedid avec 95,3 % des suffrages. Réunion du comité central qui entérine la liste du nouveau Bureau politique. Le secrétariat du CC du FLN est présidé par Mohamed Chérif Messaadia.

*14 mars* : La Cour suprême prononce trente-trois condamnations dans une affaire de détournement de fonds publics.

*16 avril* : grande manifestation islamiste à Kouba lors des obsèques de Cheikh Soltani.

*29 mai* : constitution, à Chantilly, du Mouvement pour la démocratie en Algérie (MDA) d'Ahmed Ben Bella.

*9 juin* : un « code de la famille » est adopté par l'Assemblée nationale populaire, qui restreint les droits de la femme.

*24 octobre* : réinhumation solennelle à Alger de Krim Belkacem et de huit anciens dirigeants du FLN, réhabilités par le pouvoir.

*Novembre* : réorganisation de l'armée. Promotion des généraux Belhouchet, Benloucif et Nezzar.

## 1985

*20 janvier* : campagne de sensibilisation pour la limitation des naissances.

*7-29 avril* : procès de 135 fondamentalistes musulmans accusés d'appartenir à une organisation clandestine, le Mouvement islamique en Algérie.

*23-27 avril* : violentes manifestations dans la casbah d'Alger pour réclamer l'amélioration des conditions de logement.

*30 juin* : création d'une Ligue des droits de l'homme dirigée par Me Ali Yahia. Reconnue par la LIDH, elle n'obtient pas de visa gouvernemental.

*27 août* : attaque d'une caserne-école dans les environs d'Alger par un groupe islamiste armé dirigé par Bouyali.

*24 décembre* : mort de Ferhat Abbas, premier président du Gouvernement provisoire de la République algérienne.

## 1986

*16 janvier* : adoption de la nouvelle Charte nationale par référendum (98,37 % de « oui »). Elle insiste sur le caractère progressiste de l'islam, introduit une référence au peuple berbère et encourage le secteur privé.

*8-12 novembre* : de violentes manifestations de lycéens et d'étudiants ont lieu à Constantine et à Sétif.

*15 décembre* : arrestation de militants de la Ligue des droits de l'homme.

## 1987

*3 janvier* : Mustapha Bouyali, chef d'un maquis islamiste, est tué lors d'un accrochage avec des gendarmes près d'Alger.

*7 avril* : Ali Mecili, avocat au barreau de Paris, fondateur du journal *Libre Algérie* animé par le FFS, est assassiné devant son domicile.

*4 mai* : rencontre Chadli-Hassan II-Fahd (Arabie saoudite) à la frontière algéro-marocaine consacrant la reprise des relations entre l'Algérie et le Maroc.

*24 juin* : 202 inculpés islamistes comparaissent devant la Cour de sûreté de l'État de Médéa. C'est l'un des plus grands procès de l'histoire algérienne.

*21 juillet* : assouplissement de la loi sur les associations. La tutelle du parti unique est levée.

## 1988

*16 mai* : normalisation des relations diplomatiques entre l'Algérie et le Maroc après douze ans de rupture.

*4 octobre* : début des émeutes à Alger. Le centre commerçant d'Alger est saccagé.

# Table

## Dictionnaires

R    E    P    È    R    E    S

## Guides

R    E    P    È    R    E    S

## Manuels

R    E    P    È    R    E    S

Composition Facompo, Lisieux (Calvados)
Achevé d'imprimer en mars 2001 sur les presses
de l'imprimerie Campin, Tournai (Belgique)
Dépôt légal : avril 2001.